砥砺前行，终将闪耀

百炼成金

清风 著

九州出版社
JIUZHOUPRESS

图书在版编目（CIP）数据

百炼成金 / 清风著 . —北京：九州出版社，
2024.4
ISBN 978-7-5225-2799-4

Ⅰ.①百 ... Ⅱ.①清 ... Ⅲ.①自我完善化 – 女性读物
Ⅳ.① C912.1–49

中国国家版本馆 CIP 数据核字（2024）第 071733 号

百炼成金

作　者	清　风　著
责任编辑	陈丹青
出版发行	九州出版社
地　址	北京市西城区阜外大街甲 35 号（100037）
发行电话	（010）68992190/3/5/6
网　址	www.jiuzhoupress.com
印　刷	北京华强印刷有限公司
开　本	880 毫米 × 1230 毫米　32 开
印　张	6
字　数	108 千字
版　次	2024 年 4 月第 1 版
印　次	2024 年 4 月第 1 次印刷
书　号	ISBN 978–7–5225–2799–4
定　价	49.80 元

序 言

　　我与清风都是情感领域的同行者。他听过我的课，我也受过他的启发，我们既是师生，也是朋友。清风为人处世周到细致，情商高，人也长得帅。我也听过他的直播，发现我们的经历有很多相似之处：都出身于普通家庭，都在社会上摸爬滚打过，最后找到了真正适合自己的领域和赛道。在核心思想上，我们也有很多共通之处，比如都希望能帮助女性看透人性的本质，理解社会运行的底层逻辑，而不愿意看到她们被浮华的鸡汤蒙蔽，牺牲自我成全别人，最终陷入困境。

　　清风是一个个性坚韧的人，他从不轻言放弃，对自己想要的人生有着清晰的规划。因此，他的成功绝非偶然，而是必然。他是一个内驱力强大的人，有着坚定的目标、强大的野心和出色的执行力。在日常的工作中，他设身处地地为女性着想，为她们提供客观、理性且充满智慧的建议。在网络平台上，这样的情感博主并不多见。

我曾经关注过很多其他的男性情感博主，但发现他们大多都带有明显的男权偏见，观点缺乏客观性。在我看来，评价一个人的最高标准就是客观，只有这样，才能够超越个人立场，以更中立、更全面的视角去看待问题。清风作为一位男性情感博主，能够做到这一点，确实非常难得。

我们的客户群体主要是女性，我们也有很多共同的理念，这些在本书中都有详细的阐述。例如，我们都认为女性应该规划好自己的人生，在合适的年龄做合适的事情，才能顺利抵达人生的彼岸。同时，我们也鼓励女性通过学习，提高自己的认知、拓宽自己的视野，因为只有当你的眼界足够开阔时，才能看清事物的真相，而不被眼前的假象迷惑。比如清风的父亲在当时清风母亲有限的视野里，可能被认为是个成功的商人。因为她根本不知道有一些男人是多么擅长伪装自己。那些夸夸其谈、结交狐朋狗友的男人，在缺乏见识的女生眼里甚至可能被认为是成功男人的典范。女人最宝贵的财富是她们的阅历和见识，这些是任何人都无法剥夺的。

此外，我们还强调女性要避免成为"高认知的穷女人"。什么是"高认知的穷女人"呢？简单来说，就是那些虽然拥有一定认知水平，但却缺乏经济基础的女性。她们可能了解一些高层次的知识和观念，但却无法将其应用到实际生活中去改善自己的处境。以我年轻时的经历为例吧，我曾考取过演员和歌手证，在酒吧驻唱过大半年，接触过很多成功人士。那段经历让我意识到自己和他们的生活有着巨大的差距，也让我更加珍惜我后来遇到的丈夫。他带领我进入了另一个全新的世界，让我体验到了不同的生活方式。

还有一些女性虽然拥有一定的认知水平，但却不能用实际行动去改变自己的生活，这导致她们一直处于一种不上不下的尴尬境地中，她们既无法融入更高层次的生活圈子，也无法完全放弃自己的追求和梦想。

除此之外，女性还需要有担当和责任感。在面对人生的选择时，她们应该勇敢地承担起自己的责任和义务，为自己的人生负责到底。抱怨和指责别人并不能解决问题，只会让自己更加痛苦和无助。相反，积极地寻找解决问题的方法并付诸行动，才是女性应该有的态度和行动。

书中清风讲述的有关他母亲的经历让我深受感动。她为了孩子的发展，付出了巨大的努力和牺牲，她让我看到了母爱的伟大和无私。这也让我想起了很多其他的母亲，她们都在默默地为自己的孩子付出着，为了给他们一个更好的未来而努力着。这些母亲的付出和努力值得我们每一个人尊重。

最后，我希望读到本书的女性朋友能够从中受益，掌握生活的精髓。无论面对什么样的困难和挑战，都不要放弃自己的梦想和目标，相信自己一定能够创造出属于自己的精彩人生！同时，也祝愿所有的女性朋友都能够幸福、快乐！

韩允格

2024 年 2 月 28 日

目 录

第一章　爱的力量与成长

失责的生父与坚强的母亲

在分享这段深埋在心底的经历之前，我鼓足了勇气，因为这需要我揭开内心最深处的伤疤，触碰那些我平时绝口不提的痛楚。然而，当我想到还有许多与我有着相似经历的孩子，以及那些与我母亲做出相同选择的妈妈，我毅然决然地决定，将我的这段人生历程，原原本本地呈现在你们面前。

我是一个由妈妈独自抚养长大的孩子。在我年仅 5 岁的时候，父母的婚姻就走到了尽头。在遇见我的生父之前，母亲是一家企业的会计，她凭借自己的勤奋和努力，从农村走出来，在 25 岁的年纪就晋升为财务主管。那时的她，已经积攒了一笔不小的财富，足以购置一套婚房。

经过别人的介绍，母亲结识了当时从事煤炭生意的我的生父。一心渴望改变命运、从农村走向城市的母亲，很快就被生父打动。那场打动母亲的生日宴，花费了大约 1000 元，这在

1990 年，人均月工资只有 300 多元的情况下，无疑是一笔巨大的开销。他为母亲举办了一场隆重的生日宴，这让母亲深受感动，以为自己遇见了爱情、遇见了真命天子。

然而，母亲并不知道，这些看似耀眼的光环，实则只是生父惯用的伎俩。他给母亲描绘美好的未来："等我这笔生意做成，我就带你去买房，以后再买车，再请几个保姆照顾你……"这番话彻底俘获了母亲的芳心，让她以为自己即将迎来崭新的生活。于是，年轻的母亲义无反顾地选择了与他结婚。

在他们恋爱的过程中，外婆曾多次劝诫母亲，告诉她这个男人并不靠谱，只是在吹嘘而已。除了那场生日宴之外，生父几乎没有为母亲付出过任何实质性的东西。甚至在结婚购置婚房时，房款也几乎全部由母亲承担。但热恋中的母亲哪能听得进老人的忠告呢？

如今在我的直播间里，依然有许多类似的姑娘盲目地迷恋男人的光环而忽略了实际的结果，导致自己上当受骗甚至为此倒贴。这些姑娘往往就像我的母亲一样吃苦耐劳、善良纯真却因为认知的不足而陷入骗局。我之所以去录制"识人辨人"这样的课程就是希望能够帮助更多的姑娘，让善良的人，过得更好。

在恋爱期间，我的生父曾消失了整整两年。母亲四处打听才知道他因为替当时的老板顶罪而被关进了监狱。他的老板签了一个合同，结果没有给人家货。即便是在这种情况下母亲也依然选择傻傻地等待，因为她相信爱情，心中怀着对美好未来的憧憬。她甚至觉得自己的父母过于世俗和庸俗，怎么能够仅凭一件事情就否定一个人呢？

然而事实证明，母亲的等待并没有换来美好的结局。这件事情在她心中留下了深刻的伤痛，成为她一生难以抚平的伤痕。但是人生的道路又岂能重来呢？一个少女的青春又怎能再次拥有？

如果当初我在，我一定会用大量的现实案例来劝醒她，让她明白这种只会制造光环的男人，往往给不了你实质性的东西，他所带来的伤害也必然沉重无比。

当年父母结婚的时候，母亲和外婆出资购买了一套一居室的房子，生父只是拿了一些装修材料回来，并没有出多少钱。然而他们离婚后，母亲带着我离开，房子却被生父霸占了。

几年后，我需要回市里读小学，母亲希望我们能够重新住进那套房子。生父却不同意白白搬走，他以此为要挟与母亲进行谈判。最终母亲又支付给他 13 万元他才搬离。

那套一室一厅的房子狭小而拥挤，我只能睡在客厅的沙发上度过无数个漫长的夜晚。直到后来我有了能力购买自己的房子，才终于结束了这种生活。

正是这段经历，让我深刻地意识到在我们身边，有着许多特别善良的女性，她们或许收入不高，但却对家庭和孩子倾注了全部的心血。然而她们往往因为看错了男人、不懂得如何与男人相处，而落得满身伤痕。

母亲带我重返外婆家

在我五六岁的时候，我对家庭的记忆已经深刻而痛苦。我那生父，整日里只顾着将自己打扮得油头粉面，他的鞋子总是擦得锃亮，似乎生活的全部就在那光鲜的外表上。然而，他对家庭的责任感却稀薄得如同空气，不曾为家中生计操过半点心。酗酒、家暴成了他生活的常态。

我虽然年幼，但也能感受到母亲心中的苦楚。她是一个坚强的女人，面对生活的种种不幸，她从未屈服。她曾尝试过改变生父，但最终还是接受了现实。于是，她毅然决然地与生父离婚，带着我，回到了娘家。

在小镇生活的日子里，母亲成了我最重要的依靠。她对我寄予了极高的期望，希望我能够走出这个小镇，去追寻更广阔的天地。因此，她对我的管教甚严，从学习到生活，她都要求我做到最好。

　　母亲的感情经历，如同一部活生生的教科书，让我深刻领悟到生活的艰辛和不易。她曾经也是一个对爱情充满憧憬的少女，但现实的残酷却让她不得不面对生活的种种磨难。她的经历让我明白，对于一个女人而言，选对男人，嫁给对的人，是多么重要。

湖州市千金镇的生活记忆

  湖州市千金镇，这个曾经繁荣的小镇，是我童年的避风港。我的外公，是受人敬重的农电站站长，与外婆共同在这里谱写了一曲曲平凡而动人的生活乐章，为我树立了人生的榜样。

  在外婆家的日子里，我沉浸在爱的海洋中。那份来自外公的深沉的爱意和家的温暖，成为我成长过程中最宝贵的财富。我在这里度过了无忧无虑的、快乐的童年时光，直到八九岁才依依不舍地离开。

  外婆是一个平凡而又传奇的女性，她虽然只受过小学教育，但她的智慧和才能却令人惊叹。她自学成才，掌握了维修水泵马达的技能，为小镇上的养殖户和稻田灌溉提供了不可或缺的帮助。

  外婆的钱，是一锤一锤挣来的。电机里面有铜线，电机烧坏了，就要把线圈拆下来，然后一圈一圈绕，每一个都必须数好，一旦中间一环出错整个线圈就白绕了。我牢牢记得她专注地、近乎虔诚地一圈一圈缠铜线的场景。如今，她的电机维修店仍然屹立在小镇的一角，见证着她的坚韧与智慧。每次回到小镇，我都会去店里看看，那里仿佛有一种魔力，吸引着我不断前行。

外婆是那个时代独立女性的典范。她与外公自由恋爱，勇敢地选择了自己的人生伴侣。尽管她的父亲曾重男轻女，没有给她留下任何家业，但她从未抱怨过命运的不公。相反地，她始终保持着笑容和对生活的热爱，用自己的双手和努力创造了一个美好的未来。她坚韧不拔的精神和积极向上的态度深深地感染了我，让我懂得了面对困难时要勇往直前。

前不久，我再次回到千金镇看望他们。他们相依相扶的身影让我感受到了家的温暖和幸福。在与他们的交谈中，我得知外婆的维修店依然生意兴隆，许多人都慕名而来寻求她的帮助。这让我更加敬佩她的才华和坚韧不拔的精神。

这对令我无比尊敬的亲人给了我太多的正能量。首先，是他们教会了我要勤奋努力。外婆从早到晚在店里忙碌，外公也始终保持着勤劳的品质。他们用自己的实际行动告诉我：只有付出才有收获、只有努力才能成功。这种精神一直激励着我不断前行、追求卓越。

其次，是他们培养了我对待工作的工匠思维。外婆修理电机时，那种专注认真、近乎狂热的态度深深地影响了我。她对待每一个细节都精益求精，不允许有任何差错。这种对待工作的严谨和追求完美的精神一直激励着我不断提升自己的技能。

此外，他们还教会了我要独立自主。外婆在面对生活的种种挑战时，总是坚定地走在自己的道路上，不畏艰辛、勇往直前。她的独立精神让我懂得了要勇敢地面对生活中的困难和挫折，不要轻易放弃自己的梦想和追求。

如今，当我回想从前，心中充满了感激和敬意。是他们用自己的生活和智慧为我指明了前行的道路，是他们用自己的爱和关怀为我筑起了坚强的后盾。在未来的日子里，我将继续努力学习和工作，不辜负他们的期望和教诲，将爱与关怀传递给更多的人。

童年的社交初体验

外公所在的单位，总是时不时地发放一些稀罕的物件，像旺仔牛奶、酷儿饮料、沙琪玛等，这些在我们那个小镇上可是难得一见的珍品。我从小就知道，一旦得到这些好东西，就要赶紧与小伙伴分享，因为分享能带来快乐和友谊。

每次我从外公那里拿到这些"珍宝"，总是迫不及待地跑到院子里，向小伙伴展示。那群小朋友一看到我手上的东西，就立刻围了上来，眼中闪烁着兴奋和期待的光芒。我们一起分享美食、玩耍游戏，欢声笑语回荡在小镇的上空。

除了这些美食，外公家还有一件更为珍贵的宝贝——小霸王游戏机。在当时，这可是个稀奇玩意儿，我们镇上恐怕就外公家有这一台。外公非常疼爱我，特意给我买了一大堆游戏卡带，让我尽情享受游戏的乐趣。

每次我打开游戏机，那帮男同学就像是被磁铁吸引了一样，纷纷往我家跑。他们围坐在电视机前，目不转睛地盯着屏幕，手中的手柄不停地挥舞着。而我，则像是个孩子王一样，掌握着游戏机的生杀大权。我根据每个人的表现和与我的关系来分配游戏时间，这让我感受到了社交的魅力。

在分配玩具的过程中，我逐渐明白了人与人之间的相处之道。要想吸引别人，首先要让自己有价值；要想让别人愿意与你交往，就要给予他们足够的价值。这种价值的交换是社交的本质，也是建立人际关系的基石。

回想起这些经历，我更加深刻地理解了"财散人聚"的道理。财富不仅仅是物质上的，更重要的是精神上的富足和情感的交流。只有当你愿意付出、愿意分享时，才能吸引更多的人聚集在你的周围。而这种聚集，不仅仅是人数的增加，更是情感的升华和价值的提升。

成长路上的自我救赎

在外公家度过的美好时光让我以为世界都是温暖的。然而，回到湖州市区，现实的冰冷与嘲讽如同冬日里的寒风，让我瑟瑟发抖。因为我成天在太阳下奔跑，我和城里的孩子比起来，显得又黑又瘦，同学们常常笑话我。

刚回到湖州的时候，我的学习成绩平平，找不到自己的闪光点。家人的叮嘱，让我下定决心要好好学习，努力提升自己的成绩。终于，在学校的一些活动中，我找到了自己的舞台。

五年级时，我的学习越来越好。有一次，《湖州晚报》与学校联合举办活动，我写了一篇描述剪头发经历的小文章。我用生动的比喻描绘出理发师的剪子像怪兽在我头上"啃"的恐怖场景。语文老师帮我提炼了文章的主题：从害怕到克服，再到勇于面对困难。文章被送到了报社，很快就刊登了出来。

那一刻，我仿佛看到了曙光。我为家人争了光，母亲也为我感到骄傲。我收到了 100 块钱的稿费，这对于当时的我来说，无疑是一笔巨款。然而，这笔钱却让我得到了一次刻骨铭心的教训。

学校门口的小店里有刮刮卡，我出于好奇，开始了一张接一张的刮奖之旅。一个下午，我把 100 块钱全部刮完，却一无所获。那种失去一切的感觉让我瞬间陷入了恐慌。我意识到，运气是非常不靠谱的，我不能指望运气来改变我的人生。

这次经历给我带来了深刻的教训，也让我更加坚定地相信，只有靠自己的努力，才能赢得真正的成功。时至今日，我仍然铭记着那一刻的恐慌和无助，它时刻提醒着我，不要重蹈覆辙，靠运气得到的，往往要付出无比惨痛的代价，只有靠自己的努力得到的，才能真正让我走得长远。

捡垃圾的倔强与成长

在我童年的记忆中，有那么一段小插曲，它如同一幅色彩斑斓的画卷，永远地定格在我的脑海里。那时候，我刚上小学，天真烂漫，对这个世界充满了好奇和憧憬。然而，有一天，我母亲却给我开了一个玩笑，她说："你以后要是不认真读书，长大了就只能去捡垃圾。"

我一听这话，心里那股子倔强劲就上来了。我想，捡垃圾就捡垃圾，有什么大不了的？我倒要看看，捡垃圾到底能不能挣到钱。于是，我就跟我妈较上了劲，真的去捡垃圾。

我们小区有一个废品回收店，专门收废纸、塑料瓶，一个塑料瓶大概能换一毛钱。

我开始了我的"捡垃圾事业"。我每天放学后，就背着一个小书包，在小区里转悠，寻找那些被丢弃的废品。我翻遍了小区的垃圾桶，找废纸壳、塑料瓶，忙得不亦乐乎。虽然有时候会觉得有些脏，但我并没有放弃，反而觉得这是一种挑战，一种对生活的挑战。

一天下来，我居然换了十块钱！这对于我来说，可是一笔不小的收入。我拿着那十块钱，心里美滋滋的，仿佛捡到了宝贝一般。然而，当我冷静下来后，我开始思考这条路是否真的可行。我知道，捡垃圾并不是长久之计，我需要找到一条更好的出路。

那时候我年纪还小，只有十岁左右，但我却从这次经历中明白了生活的艰辛和不易，也明白了努力学习和提升自己的重要性。我知道，我不能永远停留在捡垃圾的阶段，我需要通过自己的努力改变命运。

回想起那段时光，我感到有些好笑，也有些感慨。那时候的我，虽然有些较真、有些倔强，但也正是那股子倔强劲让我勇敢地面对挑战，让我更加珍惜现在的生活和学习机会。我相信，在未来的日子里，我会更加努力地去追求自己的梦想和目标。

友谊的裂痕与人生的初悟

在我的小学时代，班里有两个人总是被冷落，一个是我——因皮肤黝黑而遭人嘲笑；另一个则是他——因身材矮小而常被捉弄。就这样，我俩成为彼此的伙伴。

那时候，母亲为我购买了一只塑料皮卡丘玩具。那是一只需要自己动手拼装的皮卡丘，一旦组装完成，它便能摇头晃脑、活灵活现地展示它的魅力。

有一天，我的那位小伙伴如往常一样来我家玩耍。我们嬉戏打闹，共度了一段美好的时光。然而，就在那次玩耍之后，我发现那只珍贵的皮卡丘玩具不见了。我翻遍了家里的每一个角落，都找不到它。

直到有一天，另一个同学无意间的一句话解开了谜团。他告诉我，他曾看到我的那位小伙伴在把玩那只皮卡丘玩具。那一刻，我仿佛被雷击中一般，整个世界都变得一片漆黑。我无法想象，我视为挚友的小伙伴竟然会做出这样的事情。

从那之后，我和他再也没有说过一句话。我们的友谊就像那只丢失的皮卡丘一样，再也找不回来了。小学毕业后，我们更是各奔东西，断了所有的联系。

这件事让我深刻地认识到了人与人之间的复杂关系。我明白了，并不是所有的付出都能得到回报，并不是所有的真心都能换来真心。在这个世界上，有些人注定只能陪你走一段路，而有些人则会一直陪伴在你身边。我们需要学会辨别哪些人值得深交，哪些人需要保持距离。只有这样，我们才能在这个纷繁复杂的世界中保护好自己，不被伤害。

从强势女到自在女人的心灵蜕变

我的母亲，她是个极度渴望被爱的女人，这种渴望源自她那缺爱的原生家庭。外婆，一个女强人，无论大小事务，人们都依赖她的决断。她的能力超群，以至于连自己弟弟的婚姻都要插手安排，将她不满意的弟媳直接打发走，再为他物色新的对象。即便分家后，外婆的权威依旧不减，家中的一切还是得听她的。

在这样一个环境下长大，母亲从未真正体验过被爱的感觉。当我来到这个世界时，她对于"爱"的理解依旧模糊，就像大多数中国女人一样，她缺乏爱的教育和表达爱的能力。

对于母亲来说，恋人或夫妻间的温柔沟通仿佛是外星语言。当她试图对丈夫说些软话时，内心涌起的不是温情，而是恶心感；当她想要撒娇时，不是觉得甜蜜，而是感到丢人、难受，甚至反感。这是因为在她的成长经历中，从未有过被爱、被宠溺的体验。告诉她撒娇能得到更多，只会勾起她深埋心底的羞耻感，她会觉得这是对女性的贬低和歧视。

对于上一代人来说，他们普遍存在一个误区：夸奖伴侣或孩子会让他们飘飘然，找不到方向。但实际上，人的成长和变化才是正常的。被"赞扬"的人不是飘了，而是他们的思维和认知得到了升级。很多人不懂得如何正确欣赏、认同和看待伴侣、孩子身上的优点。当他们夸奖伴侣时，内心充满羞耻和不安，生怕伴侣会因此离开。但恰恰相反，不夸奖、不认同才会导致伴侣的离去。这才是问题的根源所在。

后爸的慈爱与担当

　　母亲后来再嫁了，我的后爸，对我而言，就像那久违的暖阳，温暖而真实。我对父亲和父爱的所有认知，几乎都源自这位后爸。他，用男人的肩膀，为我撑起了责任与担当的天空。

　　后爸，也是个命途多舛的孩子，出生在偏远的山沟里，亲生父母因生活所迫，将他过继给了湖州的一户好人家。他在湖州读书，曾怀揣着上大学的梦想，但家庭的召唤，让他选择了留在近处，进入了工商银行，一干就是一辈子。他的生活，就像那平静的湖水，没有波澜壮阔，只有岁月的细水长流。

　　他与亲生父母，像是两条永不相交的平行线，长大后，关于父母的记忆也渐行渐远。后爸的继父继母早逝，他的成长，同样缺乏爱的滋润。

　　说起他们的相识，颇有些戏剧性。母亲本是陪闺蜜去相亲，谁知后爸没看上闺蜜，反而对母亲一见钟情。他坦诚地告诉母亲他的家庭状况，丧偶多年，带着一个女儿。两颗孤独的心，就这样走到了一起，重新组建了家庭。如今，他们已携手走过20多个春秋，感情依旧如初。

有一天，阳光明媚，后爸兴致勃勃地带我去了动物园。那时的我，年纪尚小，胆小如鼠，对许多事物都感到害怕，尤其是那些凶猛的动物。当我看到老虎时，那威猛的身姿、震耳欲聋的吼声吓得我直往后爸怀里钻。后爸并没有因为我胆小而责怪我，反而笑着让我骑在他的脖子上，说这样可以更近距离地观察老虎。

我犹豫着骑上了后爸的脖子，双手紧紧抱住他的头，生怕一不小心就会掉下去。然而，当我骑上去后，我还是害怕得紧闭了双眼，不敢看那只凶猛的老虎。母亲在旁边看到我的窘态，忍不住笑了起来，调侃我说："你看别的小朋友都敢骑着老虎拍照，你怎么就这么胆小啊？"我羞得满脸通红，心里更加害怕了。

然而，后爸并没有嘲笑我，他只是微笑着摸摸我的头，温柔地说："没关系，害怕是正常的，只要你愿意尝试去面对它，总有一天你会克服这种恐惧的。"他的话像一股暖流涌进我的心田，让我感到无比温暖和安慰。我知道，后爸是在用他的方式鼓励我，让我变得更加勇敢和坚强。

除了带我去动物园，后爸还经常陪我打游戏。每当有空闲时间，他就会坐在我旁边，陪我一起玩游戏、一起分享快乐。

他的陪伴和关爱，让我感受到了久违的父爱。这个男人，用他的慈爱和博大，填补了我心中父爱的空白。在他的关爱下，我逐渐成长为一个自信、坚强的少年。我知道，后爸的付出和努力，都是为了让我能够更好地成长，让我能够变得更加优秀和出色。

第二章

从灰暗到阳光

黑暗中的希望与坚韧成长

　　我从乡间的泥土小路走到湖州城里的石板大道，心里怀揣着对城市的憧憬和期待，也带着一份说不清的惶恐。但我深信，书本里的知识能为我铺就一条通向光明的道路。

　　到了湖州，我拼尽全力去学习，成绩也一直名列前茅。但湖州城里的孩子并不都是友善的。我的优异成绩未能为我挡住他们的戏谑和欺凌。

　　那两个身材高大、成绩不好的男生，时常打我欺负我。他们会在操场上将我摁倒在地，虽然拳脚并不重，但那种屈辱和恐惧却深深地烙印在我的心头。我成了他们眼中的小丑，每次看到他们那狞笑的面孔，我都感到恐惧和无助。

　　随着时间的推移，同学之间的打闹也越发激烈。到了五年级，同学之间一次意外的打闹让我左手骨折，同学们起初还不相信我真的受伤了，以为我在装模作样，看到我倒地不起，就过来检查我的手臂。看到我的胳膊被反折了 90 度时，他们都被吓坏了。随后边上的路人打了 120 救护车把我送到了医院，经过长达一整晚的手术，医生终于将我的骨头"拼"好了。

我躺在病床上，看着窗外灰暗的天空，心里充满了孤独和无助。我想起妈妈那忧虑的眼神和她常说的那句话："你没有爸爸，你不要跟别人起冲突。"她的话语像一把尖刀刺进我的心窝，让我感到一种无法言说的屈辱和愤怒。我知道她是想保护我，但那种懦弱和退让却让我更加痛恨自己。

那段时间，我仿佛跌入了黑暗的深渊，每天都生活在恐惧和不安中。我不敢面对那些欺负我的同学，也不敢去学校。我变得越来越孤僻、越来越沉默。我开始怀疑自己的价值和意义，觉得自己就像一片飘零的叶子，没有归属也没有依靠。

然而，就在那最黑暗的时刻，一些温暖的人和事像阳光般洒进我的生活。有老师关心我、鼓励我；有一些同学帮助我、支持我；还有亲人们那无尽的关爱和陪伴。我妈妈不再责骂我、唠叨我了。这些温暖让我慢慢走出了阴影，重新找回了自信和勇气。

现在回想起来，那段经历虽然痛苦不堪，但它也磨砺了我的意志和性格。我学会了坚强和勇敢，学会了如何面对困难和挫折。那段日子也让我更加珍惜现在的生活和身边的人。我会更加努力地追求自己的梦想和目标，不让自己再回到那段黑暗的日子。因为我知道，只有勇敢地面对过去，才能迎接未来的光明和希望。

目前，打击校园霸凌成为一个社会热点事件，我多么希望在全国校园中不要再发生类似的校园霸凌事件。

当我们遭遇到不公的时候，不要试图隐瞒或者是逃避，找到比自己更强大的支持者才是有效的解决路径，这个人可以是你的哥哥姐姐，也可以是爸爸妈妈，甚至是格外关心你成长的老师。

也正是因为这段经历，让我深刻感受到，人和人之间的差距，懂得了要借助他人的力量来解决问题。

初中时代的挣扎与探寻

小学时代，我如一只领头雁，成绩总是遥遥领先。然而，当我踏入那所私立初中后，人生的舞台似乎发生了翻天覆地的转变。

我所就读的初中，确实是一所名不虚传的巍巍学府。这里的同学，大致可以分为三类：第一类，如同我这样的孩子，虽然学业成绩尚可，但却来自普普通通的家庭。第二类，则是那些家世显赫的同学，他们每天由司机驾驶着豪车接送，生活无忧。就像我隔壁班的那位同学，家中富贵到令人咋舌，每天乘坐着迈巴赫上学。因为他名字中有个"叶"字，我们便戏称他为"少爷"。在湖州这座小城里，迈巴赫的出现无疑是一道罕见的风景线。第三类，则是那些身怀艺术特长的同学，他们天赋异禀，拥有着与众不同的光芒。

在这三类学生中，只有我们这一类人，在默默地刻苦学习，为了成绩而拼尽全力。然而，初中的竞争更为激烈，我的成绩却跌落到了中等偏上的水平。这个巨大的落差让我备感煎熬，仿佛从云端跌落谷底。

我看着自己，似乎处处都显得平庸无奇，无法与那些优秀的同学相提并论。有人成绩比我好、有人英语口语流利、有人家中富贵荣华。那时候，母亲常常念叨着我小时候的乖巧和优异成绩，然而这却让我更加痛苦不堪。每当我回到家，渴望得到理解和支持时，母亲却总是认为我不够努力。实际上，我已经竭尽全力，几乎快要崩溃。我不知道该如何与父母沟通交流，也不知道该如何找到真正的自我。

那些来自父母的含蓄指责让我感到无比痛苦。我继续给自己施加压力，想要证明自己的价值。然而，在这个过程中，我却变得越来越没有自信、越来越自卑。我感到极度痛苦和无助，仿佛陷入了黑暗的深渊。在那个充满压力的环境里，我迷失了自我，找不到属于自己的定位和方向。那段日子，我的内心充满了挣扎和迷茫，仿佛一只迷失了方向的小船，在波涛汹涌的大海中摇摇晃晃。

青春期的迷茫与挣扎

在那个青涩的年纪，我渴望向世界宣告自己的存在，热切地希望成为众人瞩目的焦点。于是，我选择了烫发，希望通过那一头卷发彰显自己的独特。然而，老师对此勃然大怒，坚决地命令我恢复原本的发型。当那一头卷发纷纷落地时，我仿佛感受到自己那仅存的个性也随之消逝，心中涌起了难以言喻的失落。

随后，我开始尝试给女生写情书，并非出于真正的喜欢，而是想借此在人群中掀起一丝波澜。因为我深深地感受到，自己内心的那一点微光正逐渐暗淡，我亟须寻找一种方式来挽留那最后的一丝明亮。然而，我的举动并未得到预期的回应，那个女生不仅拒绝了我，还将我的情书当作笑料分享给了她的朋友。这个秘密很快在班级中传开，同学们纷纷对我投来异样的眼光，恶意的嘲笑如同利箭般射向我。

更为糟糕的是，有一次在上卫生间时，一个男生恶作剧地从背后推了我一把。我踉跄着差点摔倒，而他们却幸灾乐祸地嘲笑道："哈哈，看你尿裤子了！"当我回到教室时，男生的哄笑声此起彼伏，仿佛我真的成了他们口中的笑柄。那一刻，我的自尊心被彻底摧毁，心灵仿佛支离破碎。

那段时间，我陷入了无尽的黑暗与绝望之中。自杀的念头在我脑海中挥之不去，我甚至详细地想象过各种结束生命的方式。我想过用啤酒瓶砸向自己的头部；想过从高楼一跃而下结束一切痛苦，但恐高的心理让我退缩了；我也曾想过骑车冲向迎面而来的车辆，却又担心如果死不了反而会更加痛苦；我想买安眠药来结束这一切，却又发现无法获取足够的剂量。那是我生命中最艰难的时刻，校园霸凌的阴影笼罩着我，让我几乎无法呼吸。

尽管如今我已经不再怨恨那些曾经伤害过我的人，但那段经历所留下的痛苦却仍然刻骨铭心。我明白他们的行为或许只是青春期的一种无知表现，而我当时恰好成了他们攻击的目标。

今天的我已经彻底释怀他们当年的行为，我深刻地理解，在一个群体中，人们往往最讨厌那些不合群的人。大众心理学家古斯塔夫·勒庞所写的《乌合之众》中，对于群体有着非常精彩的描述，他将群体中人们的这种行为，称为"个性的消失"。事实上，这些参与校园霸凌的同学，并不知道自己在做什么，只是依据自己的本能在行动而已。

今天，无论是在职场还是校园中，这样的现象依旧存在，对我而言，我明白了"藏锋显拙"的"中庸之道"。我以前最讨厌的，就是事事差不多，不表达内心真实想法的人。但随着我的经历越来越多、帮助的人越来越多，我深刻地明白，优秀的人、有能力的人，一定要学会保护自己的光芒，静待一个合适的时机。在时机出现时，尽情绽放，这才可以真正地"不鸣则已，一鸣惊人"。

挣脱痛苦枷锁，勇敢追寻精彩人生

年少时期，我曾经历过一段难以启齿的过往，心灵遭受重创，却不敢向至亲透露半分。每次回家，面对父母殷切的目光，退学二字如鲠在喉，却始终无法说出口。

家人无法理解我的痛苦，或许在他们眼中，那些只是微不足道的挫折。然而于我而言，那段日子却如同深陷沼泽，挣扎亦是徒劳。他们的责备声声入耳，说我脆弱敏感、不堪一击，却无法触及我内心深处的无助与迷茫。

自五岁起，母亲的话便如影随形："你是离异家庭的孩子，要处处忍让，因为你没有爸爸。"如今回首，我能理解母亲当时的苦心，她是为了保护我，让我远离纷争。但在那个年纪，作为一个在强势家庭长大的孩子，我却感到痛苦万分。我渴望得到他人的认同与接纳，却又因家庭背景而自卑不安。

　　成长过程中，我逐渐形成了讨好型人格，总是竭尽全力满足他人需求，对他们的期望言听计从。然而这种性格却让我痛苦多年，我一直在扭曲自己、迎合他人，却忽视了内心的呼唤。我渴望被看见、被理解，却又惧怕展现真实的自我。

　　青春期时，我开始发现母亲传授的那套社会规则，似乎并不完全适用于我所处的世界。听话让我成为被欺负的对象；不乱买零食玩具让我羡慕同学的富贵生活；好好学习却比不上那些家境优越、无须努力便能拥有一切的同学。这种巨大的心理落差让我开始质疑父母给予我的人生信念与准则。我愤怒、不甘，为何别人的生活可以如此轻松惬意，而我却要承受如此多的痛苦与挣扎？

　　然而正是这些经历唤醒了我内心深处的力量。我逐渐意识到不能一直活在别人的阴影下，必须寻找自己的价值与意义。我开始学会拒绝他人无休止的需求与依赖，开始聆听内心的声音与需求。我告诉自己：我并非虚荣，只是心怀野心与目标。我渴望自己的人生也能精彩纷呈、不同凡响。

　　回望过往，我庆幸自己走出了那段黑暗的时光。如今的我已经能平心静气地与自己和解，接纳过去的伤痛与不足。我明白自己的价值与意义并非取决于他人的评价，而是源于内心的追求与信仰。我开始懂得选择与志同道合的人同行，那些能真正理解我、支持我的人。我不再让任何人无偿享用我的付出与价值，而是慷慨地回馈那些值得我珍惜的人。

　　每个人都有属于自己的野心和目标，这并非虚荣，而是对生活的热爱与向往。不要惧怕自己的野心和追求，因为它们是推动我们不断前行的动力源泉。

　　若有人评价你虚荣，请先审视他们是否有资格评价你的人生。当她说你不应该羡慕那些人开保时捷背香奈儿，她是否拥有过这些，如果她都没有经历过，就随意评价你的追求，那只是她的无知和傲慢。

　　请始终相信自己，相信自己的价值与潜力，去追寻属于你的精彩人生。

在逆境中寻找自我与力量

在青涩的少年时光里，我深知同学们的无心之失，那些刺痛的玩笑，不过是群体中的常态，是强者对弱者的无意践踏，是人性中难以抹去的阴影。我无力分辨，更无法护卫自己脆弱的心灵。

如今，我渴望穿越时空，回到那个彷徨无助、痛苦挣扎的时刻，紧紧拥抱那个曾想要放弃生命的自己。我渴望向每一个经历类似痛苦的灵魂呐喊：不要害怕，慢慢来，坚持你心中的野心与热爱，你终将破茧成蝶。然而，这仅仅是慰藉，真正的力量，究竟在何方？

我向那些身处荆棘之中、心灵在黑暗中摸索光明的孩子诉说：改变世界的力量，或许并不在于改变环境本身，而在于我们如何看待这个世界。当环境无法改变时，我们可以选择调整自己的心态和视角。在逆境中，你可以选择暂时收敛锋芒、静待时机；你也可以选择寻找一片更适合你的天空，无须在不适合你的环境中挣扎。但请记住，无论环境如何，你都有能力改变你看待世界的方式，那是属于你的心态，也是你的力量。

人生如同琴弦，有紧有松，方能奏出美妙的乐章。在那些艰难的时刻，允许自己放松，是为了积蓄力量，走得更远。一张一弛之间，都蕴藏着生命的智慧与韧性。

美术之路的抉择与放弃

小学时期，妈妈曾引导我学美术，期望通过特长为我未来的中高考增添一份筹码。于是，从四五年级开始，我便踏上了素描的学习之旅，历经三五年的磨炼，终于在美术考试中获得了加分。那时，父母曾认真地与我探讨是否要将绘画作为我人生的发展道路。

在深入分析后，我发现了一个令人沮丧的现象：许多杰出的画家都经历了悲惨的命运，他们生前穷困潦倒，甚至难以维持生计，只有在百年之后才获得了世人的认可与赞誉。以凡·高为例，他那令人心碎的人生经历似乎成了他作品之外的另一重记忆点。而另一类画家，尽管他们的技艺精湛，却因缺乏独特的人生故事和包装宣传而在历史长河中黯然失色。

我开始审视这条道路是否真的适合我。每周末的美术课程虽然短暂，但长期累积下来无疑是一笔不小的开销。为了我的中考加分，父母已经倾注了无数的心血，若再继续深入学习，无疑会给家庭带来沉重的经济负担。更重要的是，即便学成，考入中央美术学院，毕业后的谋生也是困难重重，如果要举办个人画展，更是耗费巨大。我开始思考这条路是否真的能为我的人生带来实质性的帮助。

经过深思熟虑，我最终决定把美术作为考试加分的手段和人生的兴趣爱好。虽然我对绘画充满热情，但现实的种种因素让我意识到这并不是一条适合我的道路。我相信，在未来的日子里，我会找到更适合自己的发展方向，并为之努力奋斗。

播音主持的逐梦起点

高中岁月匆匆流逝，直至高一下半学年，命运之神意外地敲响了我的门。一次机缘巧合，我的学长在一次朗诵比赛中听到了我的声音，他从小学习声乐，高中的目标就是考入上海戏剧学院，后来他也成功实现了自己的目标。

因为惜才，学长主动找到我，问我是不是在学习播音主持，在得知我并没有学习后，学长建议我可以通过这个方向考大学，一来我这方面有一定的天赋；二来，可以降低考大学的门槛，以二本的成绩就可以考上一本。

这个建议，如同一缕阳光照进了我迷茫的心田，激发了我的热情。

恰逢学校广播社换届纳新之际，袁哥盛情邀请我加入其中一试身手。在他的悉心指导和鼓励下，我勇敢地参加了学校的朗诵比赛，并荣获一等奖。那一刻，我仿佛找到了自己的舞台，自信心瞬间爆棚。从此，我更加积极地参与广播社的各项活动，尽情展现自己的才华。

渐渐地，我意识到自己在播音主持方面可能真的具备一定的天赋。于是，我下定决心要在这条道路上勇往直前。然而，现实总是充满挑战。

学习播音主持需要高昂的经济投入，这对于我的家庭来说无疑是一个负担。学习播音主持虽然不像学绘画，需要几十上百万，但是一节课动辄 500 元一小时的价格，也不是我们这样的家庭可以承担得起的。

但我还是抱着试一试的心态，向家人表达了自己的想法，妈妈便咨询了舅舅的意见。舅舅作为家族里唯一的大学生，毕业于复旦大学，却对此持保留态度，认为学播音主持前景堪忧。

尽管如此，我仍然坚定地选择了自己的道路。在我看来，这是眼前唯一的出路，也是我实现梦想的绝佳机会。我决定参加艺考，用自己的努力和才华打破黑暗的束缚。在这个过程中，我没有任何依靠，只能凭借自己的毅力和决心前行。

正是那份不甘平庸的野心，赋予了我无穷的动力。我深知自己的选择充满挑战，但我愿意为了梦想去拼搏、去奋斗。无论前方等待我的是什么，我都将勇敢地迎接挑战，让梦想照亮我前行的道路。

智取机遇，走进播音主持培训班

既然已经决定踏上播音主持这条道路，我便开始寻觅合适的指导老师。经过多番探寻，我得知本地电视台的知名主持人张云峰老师即将开设一个播音主持培训班。这个培训班的师资力量极为雄厚，却苦于缺乏学生。我渴望加入这个班级，向张老师学习，然而学费却成了我面前的拦路虎。

父母不支持我学习播音主持，更不可能有资金来资助我。我能想到的赚钱方式，就是去肯德基打工，但是15元一小时的薪酬，哪怕一天干8个小时，也只有120元，小时候"捡废品"的经历让我深深意识到，不能靠体力劳动换取财富，这样只会越来越累。

正当我站在人生的十字路口时，我想到了小时候看的《穷爸爸富爸爸》中提到，赚钱就是寻找资产。而对张老师而言，最有价值的资产无疑就是学生。我灵机一动，想到自己身边正有大量的学生资源。于是，我鼓足勇气向张老师提出了一个大胆的提议：如果我能够帮助他招揽学生，是否可以以此来抵扣我的学费？

张老师是一位胸怀宽广、慷慨大方的人。他并没有像其他人那样，对我的提议嗤之以鼻或认为我是在占便宜。相反，他欣然接受了我的提议，并给予了我这个宝贵的机会。

就这样，我得以顺利踏入播音主持的大门，开始了我的学习之旅。我倍加珍惜这来之不易的机会，全身心地投入到学习中。张老师传授的专业知识，我不仅认真聆听、刻苦钻研，更在课后不断总结、优化，以期能够更快地提升自己的能力。而我的努力也得到了回报，我的进步速度之快，连我自己都感到惊讶。

直到多年以后，在我的《人性课》中，我将这些方法总结为四个字：价值交换。像我这样一无所有，但是心怀梦想的学生，最需要的就是理解价值交换。人和人之间，并不是一堵墙，而是一张网，这张网上面，一定有地方是你所能提供，而对方恰好需要的。只要是人，就一定有他的需求，只要你能提供相应的价值，就能让他和你交换，实现你的需求。

这种思维，也成功让我后来在21岁，拿到了百万天使投资。

费曼学习法，高效学习的密码

经过一段时间的学习，张老师对我的专业能力给予了充分的肯定，并委托我协助他指导学生进行基本功的训练。这种边学边教的模式，使我更快地进入了状态，我仿佛置身于知识的旋涡中，不断汲取并分享着智慧的甘霖。

这种学习方法，实则是借鉴了诺贝尔物理学奖得主理查德·费曼的费曼学习法。费曼，这位爱因斯坦之后最杰出的理论物理学家，不仅创立了量子电动力学的重要理论，更是纳米技术的奠基人。他的智慧如同璀璨的星辰，照亮了科学探索的道路。

费曼学习法的核心在于，将智力视为一个不断增长的过程。它不仅仅是一种高效的学习方法，更是一扇窥探不同思维方式的窗口。通过运用费曼学习法，我们可以将复杂的观点和概念撕开、揉碎，然后从头开始重新组合，从而获得更为深入的理解。这种方法让我对知识点有了更深刻的把握，甚至在别人对某个问题一知半解时，我已经能够洞悉其本质。

运用费曼技巧，我仅仅花费了 20 分钟的时间，就能够深入理解一个知识点，并且记忆深刻，难以遗忘。这种高效的学习效果，让我对费曼学习法更加推崇备至。简而言之，费曼学习法可以概括为四个关键词：概念、传授、回顾、简化。这四个步骤环环相扣，构成了一个完整的学习循环，帮助我在主播主持的海洋中畅游无阻。

通俗地说就是，通过教别人，让自己学得更好，因为你相当于学了 3 遍。第一遍是老师告诉你，第二遍是自己理解，第三遍是输出给别人，最好的老师，其实是学得最好的学生。

播音路上的蜕变与成长

在张老师的熏陶下，我渐悟人生规划。受《穷爸爸富爸爸》启发，我意识到要积累财富，而播音主持正是我看准的积累资本之路。高二时，我便为自己绘制了未来的蓝图：毕业后踏入电视台，成为主持人，再开设自己的教学机构。

当时，我们很多同学在 YY 语音平台一起玩游戏，而我意外发现了这个语音平台上有众多才艺频道，如 CV 频道，汇聚了作品中的声音演绎者、朗诵者和配音演员。我跃跃欲试，迅速融入其中。起初，只是出于兴趣和爱好，想着成为一名网络主播，可以通过这些方式来学习播音主持，但随着时间的推移，我发现了知识变现的契机。

"天空之声"网络电台向我抛来了橄榄枝，我成为他们的一员。每小时的节目制作，从台标、台花到节目预告、整点报时，我参与了一个网络电台的筹备和制作过程。节目的制作费成了我的收入来源，每小时 15 块钱的 Q 币工资让我初尝甜头。在家准备艺考的我，有了大量的时间制作节目，几乎每天我的声音都在网络电台被几百人，甚至上千人听到，每月能为我带来两三千块钱的收入。

这份收入不仅让我找回了自信，更让我知道了自己和其他同学的不同，让我逐渐走出了校园霸凌的阴霾，当他们还在为学业忙碌，而我已经开始用自己的特长挣钱。这种经历为我后来培养商业思维奠定了坚实的基础。更重要的是，有听众的陪伴和交流，让我走出了曾经的孤独阴影，感受到温暖和陪伴。

我用自己挣来的钱换了设备，买了电脑，一边在"天空之声"网络电台做节目，一边跟张老师学习播音主持专业，生活逐渐步入正轨，忙碌而充实。然而，高三下学期，我面临了一个重要的选择。

积木音乐台，一个由中国传媒大学学生创办的网络电台，向我伸出了橄榄枝。但这个平台没有收入，如果加入，就意味着我将失去每月的稳定收入。当时的我面临了一个有趣的选择：是去更大的平台发展，还是留在小平台继续拿稳定的收入？

最终，我选择了前者。我内心有一个声音告诉我：既然做了，就要做到最好。这个选择让我接触到了更优秀的人，专业能力得到了飞速的提升。我努力接节目、认真做节目，后来接手的栏目《虾米音乐汇》甚至被 QQ 音乐收购。我也在酷狗音乐平台上传了电台节目，虽然没有直接收入，但积累了大量的播放量。

半年后，izemo music radio 的台长小狼联系我，邀请我加入178 教学频道，教授播音主持。我毫不犹豫地答应了。面对机会和挑战，我从未退缩过。这一次的尝试让我有了更好的机会和更高的收入。从公开课到私教课，我的收入翻了两三倍。我第一次深刻地感受到人脉的价值。他们是能够看到我们潜力和价值的人。他们给我们机会、帮助我们走向成功。

当我把200块Q币换成200元人民币交给我妈时，她震惊了。她曾经以为我在网上念文章是被人骗了，没想到我真的能挣钱。

但她的反应也很大，她并没有鼓励我，反而是骂了我，她说："家里还没穷到需要你挣钱的地步。"很多年后我才知道，她那天回到房间哭了很长时间。她可能觉得给还是高中生的我带来了不必要的压力，让我过早地成熟了。

多年之后回想起来，在那一刻，妈妈的否定，彻底击碎了我做一个"乖孩子"的念头。我深刻地知道自己在精神上不能再依赖任何人了，我的努力不是为了证明给母亲看，自己是一个好孩子，而是要实实在在地改变自己的人生和命运。

唯有结果可以改变人生

高二做电台节目的经历，帮助我找回了自信，虽然原生家庭的阴霾和中学时代的忧郁并未完全消散，但我真切地感受到了自己的与众不同。我深知，通过不懈的努力，我能够改写自己的命运。

这段宝贵的经历也让我领悟到了许多生活的真谛。首先，我明白在人生起步的阶段，不能仅仅盯着眼前的利益。许多人在一无所有的时候，急切地想要赚钱，可能会选择一些看似门槛低、来钱快的工作。然而，这些工作往往缺乏发展的空间，长期从事此类重复性劳动会让人很难有进步的机会。

当然，选择这样的工作并非不可取，但重要的是它不能成为你人生的终点。我们应该追求那些能够让我们不断成长的工作，这样的工作要么能让我们获得实质性的收获，要么能让我们赚到钱，要么能让我们学到宝贵的知识和技能。

其次，与优秀的人为伍也是至关重要的。在直播间里，经常有女孩子向我询问择偶的标准，我总是告诉她们要选择一个能够引领自己成长、比自己更优秀的人。不要害怕与优秀的人相处，担心自己配不上他们，而是应该勇敢地与他们站在一起，从他们身上汲取力量和智慧。与强者同行，你最差的结果也是能从他们身上学到宝贵的经验；而最好的结果则是，你不仅能学到知识，还能在他们的帮助和支持下实现自己的梦想。

与优秀的人相处会让你不断追求卓越，他们会激励你变得更好。关注自己的成长和进步远比只关注眼前的收入更为重要。和强者在一起，你要么赚到、要么学到；和弱者在一起，你只会被无限地消耗。

当你在一个平台上不断努力提升自己时，机会和财富自然会被你吸引过来。因此，要勇敢地走出自己的舒适区，与那些比你更优秀的人站在一起，共同追求更加美好的未来。

困境激发了我内心的斗志

在我童年的记忆中，家境曾经富裕。那时，我的继父是银行经理，收入颇丰，我们的生活水平就是一个典型的中产家庭。家中虽无轿车，但继父那辆庞大的哈雷摩托车，却以其独特的魅力，成为我心中拉风的代名词。

然而，好景不长，我们家经历了最典型的中产阶级陷阱。2008年的股灾，无情地席卷了我们的家财。那辆象征着自由的哈雷也被迫易主，取而代之的是一辆国产摩托车，价格仅有原来的十分之一；我们的住所，也从市中心的3房2卫大平层，逐渐缩减至郊区的2居室，最后退回到母亲早年在湖州购置的一居室。这个过程中，我虽然年幼，但家境的变迁却在我心中留下了深刻的烙印，让我深切地感受到贫穷的沉重和贫富差距的冲击。

父母对我的期望总是简单而淳朴，他们希望我健康、快乐，对生活的追求也仅止于一份稳定的工作和微薄的收入。然而，这种平淡无奇的生活却无法满足我内心的渴望。我深知，他们的内心深处也充满了无奈和失落，尤其是在炒股失败、卖房回湖之后，他们的笑容变得越发勉强。我能够清晰地感受到家庭的经济压力和他们的精神负担。

记得初二那年的一个雨天，我独自打着小伞步行上学。看着同学们纷纷从轿车中走出，我内心的失落难以言表。而一辆奔驰轿车，"唰"一下从我身边经过，小小的雨伞挡不住水坑溅起的雨水，将我从上到下浇了个透心凉，我感到无比委屈。那一刻，我深深地感受到了人与人之间的差距。

进入大学后，这种差距变得更为明显。家境优越的同学们生活得无忧无虑，而我却在为生活费而苦恼。看着他们随意地挥霍着金钱，我内心的挣扎和痛苦难以言表。我明白了，人与人之间确实存在着无法逾越的鸿沟。

然而，也正是这种困境激发了我内心的斗志。我深知，唯有通过自己的努力，才能改变自己和家人的命运。如今，我已经有了足够的实力，为父母购置了一套宽敞的房子。而那个一居室的老房子，我决定保留下来。它不仅仅是一处住所，更是我成长的见证和奋斗的起点。每当我看到它时，就会想起自己一路走来的艰辛和不易。它提醒着我，无论走得多远，都不能忘记来时的路。

向上社交，促成长

我深知自己与众人的不同。我没有钱，没有背景，甚至没有一个出众的相貌，所以我必须抓住一切可以改变命运的机会。当幸运女神的裙摆轻轻飘动，别人可能还在犹豫是否迈步，我却已经紧紧地握住了她的手，甚至渴望拥抱她的双腿，不愿放过任何一丝幸运的眷顾。我的机遇意识如此强烈，因为我明白生命的短暂与宝贵，每一次的搏击都是我人生中的珍贵瞬间，我又怎能轻易放过？

社交，这个复杂而又精妙的网络，可以分为三大类型：向上、向下和平行。向上社交，如同攀登高峰，寻找那些比自己站得更高、看得更远的人。与那些层次更高的人交流，他们能在我们迷茫时指引方向、在困境中伸出援手。

俞敏洪在一次演讲中生动地描绘了这两种社交模式。当他站在北大的讲台上，分享自己的创业经历时，他是校友们仰慕的对象，别的校友给他端茶递水，此时的他处于向下社交的状态；而当他与马云、马化腾等商业巨擘坐而论道时，他则转换为向上社交的角色，虚心聆听他们对未来的洞察和对互联网的独特见解，他就成了端茶递水的角色。不论是多厉害的大佬，在需要向上社交的时候，都需要给别人提供"情绪价值"。所谓情绪价值，就是一种让别人的情绪舒适的能力。

而平行社交，则如同行走在同一片平原上的旅伴，彼此平等、互相尊重。这种社交方式在我们的日常生活中最为常见，如同事间的交流、同学间的聚会等。

我个人对"向上社交"情有独钟。我坚信，在我的人生旅途中，定能遇见那些比我更加成功、有智慧、开阔的贵人。他们或许已经走在了我前面，但他们懂得我、认可我，并愿意给予我宝贵的机会，携手与我共同飞翔。

在这个信息爆炸的时代，我深信人脉与信息的结合就是无尽的财富。通过有效的社交方式，我们能够拓宽人脉网络，获取有价值的信息资源，从而为我们的成功之路铺设坚实的基石。

最幸福的那一刻，是我被"看见"

在一次直播中，我与女性观众分享了一个深刻的感悟：学会主动提供情绪价值，也就是给对方说好话，是至关重要的。我之所以如此强调这一点，是因为我亲身经历过那种缺乏认可和理解的痛苦与无助。

这个世界上，最令人痛苦的事情莫过于你的努力和付出被忽视，没人能够看见你的闪光点。相反，当我们的努力被认可、当我们的存在被看见，那种幸福感是无可比拟的。正如心理学家荣格所说："凡有裂隙，那是光照进来的地方。"而被看见，正是我们每个人内心深处最渴望的疗愈。

在我的直播间，有很多妻子不愿意向丈夫示好，认为这样的方式是"恶心"的、丢人的。我深刻地理解她们的处境，因为曾经的我，也是无比在乎自己的想法，希望别人可以主动来认可我、肯定我。

　　但是这些强势的姑娘，最后往往过得很差，有些承担了所有的家务，还要被对方指责"毫无价值"；有些则是在得知对方背叛自己之后，一气之下，为了所谓的尊严，放弃所有财产，甚至是背着负债离婚。

　　这些姑娘之所以过得不好，就像是当年的我一样，太过于渴望被认可，却不知道，只有你自己活成了一道光，你能照亮别人，你才能真正获得财富、尊重和幸福。

　　其实我们每个人都应该学会主动去提供情绪价值，特别是"做小伏低"，这和被动忍让，承受委屈不同。这是一种智慧，通过示弱，让其他人帮助自己解决问题。因为没有一个人，可以靠自己解决所有的问题。

财富观的建构

回首往昔，我深深感激母亲曾经的迷茫与坚持。那时，尽管她也迷茫，但每当有人劝她购书时，她总是毫不犹豫地买下。这些书，虽然她看得不多，但我却如饥似渴地阅读了每一页。

其中，有两本书对我产生了深远的影响。一本是由美国人罗伯特·清崎所著的《富爸爸穷爸爸》。书中讲述了作者的两个截然不同的父亲："穷爸爸"是他的亲生父亲，一位高学历的教育官员；"富爸爸"则是他好友的父亲，虽然高中未毕业，但却在投资理财方面独具慧眼。清崎通过亲身经历的财富故事，展现了这两位父亲截然不同的金钱观和财富观。

它告诫我们，要成为金钱的主人，而非奴隶，要树立正确的消费观，将积攒的财富用于投资，以实现财富自由。这本书反复强调的一个观点是，富人与穷人最大的差别在于他们的理财观："富人购入资产，而穷人只有支出，中产阶级则常常误将负债当作资产。"这个理念深深烙印在我的心中，成为我人生的重要信念。它时刻提醒我，要避免重复性劳动，不要陷入越努力越贫穷的陷阱。

另一本书是美国作家斯宾塞·约翰逊的《谁动了我的奶酪?》。这本书以寓言的形式讲述了四个角色——两只小老鼠"嗅嗅"和"匆匆"及两个小矮人"哼哼"和"唧唧"，在迷宫中寻找奶酪的故事。当奶酪突然消失时，他们的不同反应揭示了人性的多面性。嗅嗅和匆匆随变化而动，迅速适应新环境；而哼哼和唧唧则面对变化犹豫不决，烦恼丛生。最终，唧唧冲破思想束缚，重新踏上寻找奶酪的征程，而哼哼却仍沉浸在过去的痛苦中无法自拔。

这本书以生动的故事阐述了适应变化的重要性及勇于面对挑战的勇气。它使我意识到在商业世界中，一定要具备危机意识，越是成功的时候越是要考虑下一步的方向，只有不断适应变化、勇于创新的人才能取得成功。

这两本书中的商业思想对我产生了深远的影响，它们重构了我的财富观并推动我不断前行。即使后来家庭遭遇经济打击，我也从未放弃对财富自由的追求和探索。

第三章

创业逆境中的坚韧与复盘

艺考翘楚，生活之苦

在高考的舞台上，我选择了走艺术之路，参加了那场激烈的艺考。在万名考生中，我脱颖而出，荣获全国第 11 名的佳绩。这份荣誉的背后，是我成功使用了费曼学习法。播音主持不是一个需要深刻艺术功底的专业，但是想要取得成功，也需要花上一番苦功。当时的我，一边帮张老师带学生，一边在网络上做主播节目，同时自己跟着老师学习，这就相当于我比其他的同学，多了 2 个额外的学习机会。

这种学习方法，在我往后的人生中，起到了关键性的作用，每当我想要解决一个问题时，就会先去帮助别人。当我想要赚到财富时，我就选择先帮助我的客户创造财富，结果她们赚到了钱，源源不断地回馈给我，我也就获得了巨大的成功。

在艺考中我成功地被浙江工业大学播音主持系录取。当年，播音主持系在全国范围内仅招募了 66 位学生，而在浙江省，更是只录取了 10 位佼佼者。在这 10 人中，我以卓越的专业素养和全面的综合实力，荣获专业成绩第一的殊荣。当综合所有成绩时，我再次在全国的舞台上闪耀，位列第 11 名。

我记忆中最深刻的场景，不是学习成绩，而是那场升学宴。播音主持作为我的艺术特长，让我成功迈入"一本"大学的门槛，母亲因此欢欣鼓舞，邀请亲朋好友与学校老师赴宴。宴席上，十桌宾朋满座，虽然耗费了家中 2 万积蓄，但母亲的喜悦无法用金钱衡量。

然而，宴席的繁华过后，家中却陷入了困顿。大学的学费尚无着落，我们不得不向人低头求助。那种窘迫、那种求人的尴尬，那些形形色色的冷眼与脸色，都深深烙印在我的心中。

那一刻，我默默告诫自己，再也不要为了虚无的面子而去做那些没有实际意义的事情。因为那只会让自己陷入更深的困境、让家人承受更多的压力。

进入大学后，家人的叮咛时常在耳边回响："学费昂贵，一定要好好学习。"这句话如同针一般刺在我的心上，让我感受到沉重的负担。从外婆家到湖州，十多年的成长岁月里，我始终在资源匮乏的环境中挣扎。这种精神上的压力如同一座沉重的大山，压得我喘不过气来，难以撼动。

当时的我，深刻地感受到贫穷在我身上刻下的伤痕。

不被理解，像独行侠一样独来独往

进入大学后，我并未因繁重的学业而放弃在各平台做主持和教授播音课的兼职。因为家里的条件不好，我想要多赚一点，解决学费和自己的生活费。每天，我需要长时间端坐在电脑前，不断地讲解、主持，有时甚至要忙碌到深夜。这样的作息，难免会对同寝室的同学产生一些影响。

面对室友的质疑与不理解，我内心感到十分孤独和无奈。他们或许认为，我仅仅是一个大一新生，能有什么水平去教授别人主持技巧，甚至在网络上开设培训课程赚钱？然而，他们并不了解我背后的付出与努力，也不知道我对这份工作的热爱与坚持。

我努力寻找与室友相处的平衡点，却因为缺乏集体生活经验而处处碰壁。我们的关系逐渐变得尴尬，我也变得越来越独立，仿佛一个独行侠。面对这样的困境，我深知自己必须找到解决的方法，否则生活将毫无希望可言。

于是，我萌生了搬出寝室的念头。我向家人表达了这一想法，却遭到了他们的反对。妈妈担心我的安全，也不理解我为何不能与室友和睦相处。我感到十分沮丧和无助，仿佛又陷入了一个人生的泥沼中。

然而，我深知自己不能就这样沉沦下去。我必须找到突破现状的方法，否则我的生活将毫无指望。我回忆起过去的艰难岁月，那些曾经的困境都未能将我击垮，如今的我又怎能轻易放弃？

于是，我决定再次尝试说服家人支持我搬出去。我找到学校附近的出租房，了解了租金和押金等费用。虽然我的存款并不多，但我相信只要有了家人的支持，我一定能够重新开始。然而，他们却坚决不同意我的决定。

我一次又一次地请求他们，甚至不惜下跪恳求。但无论我怎么说，他们都不为所动。在那一刻，我深刻明白了什么叫没钱寸步难行。当你一无所有的时候，不要指望别人理解你，认可你，哪怕这个人是你的亲人、你的爱人。他们无法明白你的处境，他们甚至会阻挠你的想法。

那时的我，下定决心，未来不再依靠任何人的帮助，一定要靠自己，只有这样才能真正走出贫穷，过上我想要的人生。

录有声书，一个月吃住在公司里

一分钱难倒英雄汉，我恰好卡在了这个紧要的关头。既然学校无法满足我的需求，我便只能向外寻求出路。胸怀壮志的我，开始在校园外接手各类主持活动，也因此赚得了一些额外的收入。

恰逢其时，校内举办了一场配音比赛。我踊跃参加，成绩斐然。这也让我进入了两位老师的视线。

首先是我们专业的刘老师，他为我推荐了一份小主持人培训的兼职工作。我欣然接受，开始悉心指导那些小主持人，同时也借此机会补充了自己的生活费用。

接着，学校的一位辅导员老师也找到了我，询问我是否有兴趣参与录制有声书，酬劳是每小时 200 元。这对于我来说无疑是一个难得的机会，我毫不犹豫地应承了下来。

在这家公司，我度过了孤独而充实的一个多月。为了节省开支和时间，我吃住都在公司内。虽然生活单调，社交几乎为零，但我从未有过半句怨言。因为我知道，想要改变自己的境遇，就必须忍受这份孤独和艰辛。不经历风雨，又怎能见彩虹？

　　终于，在一个多月的努力下，我赚得了 1 万元的收入。这笔收入也让我有了底气，搬离寝室宿舍，开始追求自己独立的创作空间，更让我总结出了"自我展示"的重要性。这一切的机会，都来自我孜孜不倦的追寻。我的"向上破圈"课程，就是我这种思维的体现。机会永远不是等来的，你必须让自己闪光去吸引贵人，花香才能蝶来，如果没有吸引到，那我们就要让自己成为开得最大、香气最浓郁的那朵花。

回母校分享

在吴兴高级中学那段青涩的岁月里,我与团委老师结下了深厚的情谊。大一寒假将至,老师联系我,希望我能回母校向即将迎接高考的学弟学妹们分享关于梦想和奋斗的故事,以此为他们打气。作为曾以艺术特长生身份考入一本大学的我,自然义不容辞地答应了。

在吴兴高级中学的会堂中,我以《梦想的价值》为题,为在座的同学讲述了播音主持的升学路径,分享了我的求学经历,并在最后进行了招生宣传。我提到了在张老师播音主持培训班的那段宝贵时光,感激之情溢于言表。因为没有张老师,我可能无法踏入这所大学的校门;如果当年他坚持向我收取学费,我的大学梦也可能就此破灭。

我与张老师的缘分不止于此。高中时期,我便开始为他介绍学生,从最初的一个个介绍到后来的批量推荐。这段经历对我后续的创业之路乃至整个人生都产生了深远的影响。

　　它让我领悟到价值交换的重要性。世间无难事，只怕有心人。只要我们用心去发现切入点、寻找合作点，任何看似困难的事情都有可能实现。当年，我从未敢想象自己能够完成这些事情，但一步一步走来，如今回首望去，那些在高中时期做出的选择和努力都已成为我人生中宝贵的财富。

　　在高中时期就能为张老师介绍学生，在没有资源的情况下努力进行价值交换，让我有了宝贵的学习机会；到了大一更是能够成功组织线下活动……这些经历都在我心中留下了深刻的烙印，为我后来的创业之路提供了无尽的启示和动力。

休学创业，"别害怕，别后悔"

在录制完有声书项目之后，我内心涌动着创业的渴望。我向学校提出了休学的申请，然而妈妈对此表示了强烈的反对。于是，我转而向后爸阐述了我的决定和理由，分析了市场前景和播音主持专业的就业困难。我坚信，这是一个充满机遇的创业时代，而学校也提供了支持大学生创业的政策。我希望能够早日踏上创业之路，待取得一定成绩后再完成学业。

后爸听完后，并没有立即表态，而是沉思了很久。然后，他严肃地对我说："孩子，你既然已经做出了决定，就要有勇气去承担一切后果。人生没有重来的机会，你选择的这条路，无论结果如何，都要全权负责。但是，你要记住两句话：别害怕，别后悔。勇往直前，不要害怕失败和困难；同时，也要做好心理准备，不要后悔自己的选择。"

这两句话深深地烙印在我的心中，成为我创业路上的座右铭。我深知创业的道路充满艰辛和挑战，但只要我坚定信念、勇往直前，就一定能够实现自己的梦想。

2014 年 12 月，我注册了自己的第一家公司——如我科技。在同学兼好友湘洲和俊哥的支持下，我们三人共同踏上了创业征程。我负责公司的具体运营事务，担任 CEO 的角色。他们各占 10% 的股份，而我则持有 80% 的股份。创业初期，根本就无法实现任何盈利，本以为有声书是一个好项目，结果多次融资碰壁，我见了 100 家机构，根本没有人愿意投资我们。

公司没有盈利，我想起了自己高中时期做情感电台的经历，想要先通过这个方式让公司活下去。结果被我意外发现，有人将情感课程，做成了一门生意。在听他们分享时，得知单月居然可以做到 20 万的业绩！这个数字对于当时的我来说，简直就是一个天文数字，带给我巨大的震撼。我认为这是一个非常大的市场，一定要想办法进入这个行业！

于是我通过"价值交换"的方式，联系到了"一见"公司的负责人，他们是一家不到十个人的创业公司，推出了一门男性个人成长相关的情感课程。我介绍我自己有着丰富的播音主持经验，可以开设一门声音课程，帮助他们的男性学员，提高魅力。我们一拍即合，我负责讲课，他们则负责销售和推广。课程一经发布，居然在短短的 1 个月内，获得了 10 万元的销售额。

这让我感受到了巨大的机会，2015年7月，为了进一步提升自己的能力，我放下了老板的身份，飞往广州加入了"一见"情感公司。在那里，我深度学习了个人成长相关的知识，也学习了大量两性情感心理学、销售心理学的相关知识。虽然每个月的工资根本无法支付我在广州的开销，但是这一次的选择，让我深刻意识到，这是一个巨大的市场机会。

在广州的学习经历让我更加坚定了自己的创业方向。在做男性个人成长的过程中，我深刻地感知到，女性个人成长是一个更加广阔的市场，有无数和我母亲那样，善良勤奋、努力上进的姑娘，因为缺乏识人辨人的能力，最后被辜负。

我和老板提出了自己的想法，并希望他投资我去做这块业务。但很可惜，他并不看好，也不认可我的想法。无奈之下，我只能先回到老家湖州，我开始在线上撰写文章吸引客户，并逐渐实现了客户转化和成交。这段时间的努力让我积累了一定的资金和经验，为后续的创业打下了坚实的基础。

然而，家里人仍然希望我回到学校继续学业。但我知道，回学校并不是我想要的生活。当时我看到罗振宇老师所创办的《罗辑思维》栏目已经获得了巨大的成功，一次课程的发售就有2000万元的销售额。我深刻地明白，做主持人、进入电视台，不是我的未来。我渴望的是在市场的浪潮中搏击长空、在创业的道路上不断挑战自我。

于是，在 2016 年 3 月，我毅然决然地回到了杭州，继续我的创业梦想。这次，我成立了一家名为"齐眉情感婚姻咨询有限公司"的企业。公司名称取自"举案齐眉"的典故，寓意着祝愿每一位客户都能找到幸福美满的情感归宿。在我租的小公寓里，我一边撰写文章，一边为客户解决问题，一边继续积累资金和经验。这段时间的努力让我逐渐实现了月入 3 万 ~5 万元的目标，也为公司的发展奠定了坚实的基础。

然而，创业的道路从来不是一帆风顺的。我们也遭遇了一些挑战和困难。市场竞争日益激烈，客户需求也在不断变化，这给我们带来了巨大的压力。但是，我始终坚信只要我们保持创新精神、不断学习和进步，就一定能够克服一切困难。

在与家人的沟通中，我坚定地表达了自己的想法和决心。我告诉他们，创业是我实现梦想的最佳途径，我愿意为此付出一切努力。最终，他们理解并支持了我的决定。如今，我的创业之路已经取得了一定的成绩。我深知这一切离不开自己的努力和坚持，也离不开家人、朋友和合作伙伴的支持和帮助。未来，我将继续秉持着这种信念和决心，勇往直前，为实现自己的梦想和追求而奋斗不息。同时，我也将不断学习，提升自己的能力，以更好地应对未来的挑战和机遇。

不断尝试，勇往直前

创业时的我，正值青春年少，怀揣着对互联网领域的无限憧憬与热情。我亲手搭建起一个网站，虽然只是依托第三方模板的简单构造，但它却如同初生的雏鹰，充满了生机与希望。为了将这只雏鹰培育成翱翔天际的雄鹰，我积极与各类 APP 合作，将我的产品巧妙融入其中，精心雕琢，使其焕发出互联网项目的迷人光彩。

尽管在投资人眼中，这个项目或许缺乏足够的吸引力，投融资前景并不明朗。但对我而言，它却是我互联网创业征程中的宝贵财富，是我勇敢探索、不断试错的见证。我深知，创业的道路上从无坦途可走，只有不断尝试、勇往直前，方能闯出一片属于自己的天地。

后来，我有幸站在了六合桥创业大赛的舞台上。我带着我的"恋爱委托人"商业计划书，信心满满地迎接挑战。这份计划书不仅汇聚了我多年在情感领域的丰富经验与独特见解，更承载了我对未来发展的宏伟梦想与规划。我们立志为客户提供专业、贴心的"情感委托"服务，以"为每一个委托人找到幸福"为使命，全心全意助力他们挽回情感、策划完美约会、成功摆脱单身困境。这份计划书赢得了评委的认可与赞赏，更在实际运营中取得了骄人的成绩。那段时间，我们的月流水高达 10 万元，成为业内的耀眼明星。

我们的客户打包服务定位中高端，以高品质、高满意度赢得了客户的口碑与信赖。许多客户对我们的服务赞不绝口，纷纷表示在我们的帮助下，不仅情感问题得到了圆满解决，更在人生道路上收获了前所未有的幸福与成长。这些赞誉与肯定成为我们前行路上最坚实的支撑与动力。

然而，创业的道路上总是充满了荆棘与挑战。我也曾经历过无数次的挫折与失败，但我从未放弃过对梦想的追求与努力。那些日日夜夜的奋斗与坚持、那些汗水与泪水的交织……所有这一切都成为我创业路上最珍贵的财富与回忆。

回首过去，我更加坚信：创业成功并非一纸商业计划书所能决定，而是源于实践中的不断尝试、坚持与努力。每一个字句的斟酌、每一次的失败与重整旗鼓都凝聚着我的心血与汗水。但真正让我取得成功的却是那份脚踏实地的付出、对梦想的执着追求及永不言弃的精神力量。

在创业的道路上，我始终坚信，想法固然重要，但行动才是实现梦想的关键所在。无论前方道路多么崎岖险阻，只要我们保持勇往直前的信念与决心，必定能够抵达成功的彼岸并绽放出属于自己的光芒与荣耀！

如今的我已经在这个行业里摸爬滚打了多年，积累了丰富的经验和知识。我的头脑中就像一个大数据库一样存储着各种信息和数据，能够迅速准确地判断客户的需求和水平。这并非天赋异禀或偶然所得，而是长时间实践和熟悉行业的必然结果。正是这种对行业的深刻理解和敏锐洞察让我能够在这个竞争激烈的市场中脱颖而出，成为备受瞩目的大咖。

与此同时，我们的服务理念和口号也随着时间的推移而不断升华与拓展。从最初的"为每一个委托人找到幸福"到如今的"跟着风哥，有车有房，有米有爱"，这一变化不仅体现了我们服务内容的深化与拓展，更彰显了我们对客户需求的深入理解与满足及对未来美好生活的坚定信念与追求！

在未来的日子里，我们将继续秉承这种以客户为中心的服务理念，不断创新与进取，为客户提供更加优质全面的服务，助力他们实现更加美好的生活愿景！

我把自己逼成一个"全能选手"

在我职业生涯的某个阶段，我曾身兼数职，担当了交付老师的角色。我精通交付流程、擅长销售技巧，甚至能熟练打造个人品牌（IP）。在这个业务链条上，从策划到执行，我无所不能。无论是制作精美的PPT，还是构建功能完备的网站，抑或是设计详尽的产品详情页，我都能一人独当一面，宛如一支配合默契的团队。

然而，这样的全能并非一蹴而就。在创业的道路上，我曾面临资源、资金匮乏的困境。那时，我深知唯有自力更生，才能闯出一片天地。于是，我毅然决然地踏上了自学之路，通过网上教程逐步掌握了网页和网站的制作技能。

对那些刚刚踏上创业征程的读者，我想分享两点宝贵的经验。首先，要相信你所遇到的问题绝非孤例。在这个信息爆炸的时代，几乎所有的问题都能在网络上找到解决方案。无论是制作网站还是其他创业难题，总有热心的前辈愿意分享他们的经验，而且往往是免费的。因此，当你遇到困难时，不妨先上网搜索一番，或者向身边的人请教。

其次，在创业初期，切忌将所有任务都推给员工。作为创业者，你需要先将自己打造成一个全能的"超级团队"。这意味着你要亲力亲为，深入了解并掌握业务的各个环节。只有这样，你才能在激烈的市场竞争中站稳脚跟，逐渐积累财富。

今天有很多人问我，想要从事这个行业，需要什么条件，我半开玩笑地回答："不要把自己当人，要把自己当赚钱的机器人，因为这个行业不是人干的。"我之所以这么说，就是希望那些浅尝辄止，没有对用户怀抱着一颗虔诚之心，没有对事业怀抱着一颗敬业之心，没有对自己怀抱着一颗必胜之心的人，不要随意做出选择。人生并没有标准答案，既然做了，一定要选择做到最好！

路演，21岁拿到百万天使投资

时光荏苒，转眼已是 2016 年 5 月，我在杭州的创业之路逐渐步入正轨，现金流也呈现出稳健的正向增长。这时，我开始着手设计自己的品牌，并怀揣着一个梦想——争取获得天使投资的支持。

这个梦想源于我 2014 年的一次特殊经历。那时，我帮助波哥录制有声书，在这个过程中结识了徐丰，一位颇具洞察力的公司业务经理。他为我揭开了互联网创业的神秘面纱，颠覆了我对商业模式的传统认知。徐丰曾言，互联网创业之道在于先借助资本力量开拓市场，进而实现盈利。诸如腾讯、阿里巴巴等巨头，都是凭借这样的策略崭露头角。这番话如同醍醐灌顶，让我对互联网创业产生了浓厚的兴趣。从那时起，我便立志有朝一日要争取到天使投资。

在分析当时我在杭州的创业业务时，我意识到主要有两条发展路径。一条是稳扎稳打地推进自己的业务线，但这条路的想象空间有限，爆发力也不足。而另一条则是充满挑战的投融资路线，一旦成功，必将为我的情感赛道业务注入强大的动力。于是，我毅然决定"两条腿走路"，先做基础业务稳住公司，同时参与融资加速自身的发展。

2016 年 5 月，我得知浙江卫视有一档名为《资本相亲会》的电视节目，旨在为创业者和投资者搭建沟通的桥梁。我意识到这是一个千载难逢的机会，立刻提交了商业计划书并成功获得了参加节目的资格。

在这之前，其实我已经投了 100 多份商业计划书，都是被拒绝的。但是我始终没有放弃，这个节目虽然没有直接让我拿到投资，但是让我展现了自己，获得了宝贵的机会。

同年 8 月，我迎来了人生的重要时刻。在《资本相亲会》之后，我在另外一档创业节目《创业找崔磊》中凭借自己的项目和信念，成功赢得了天使投资人崔磊的青睐。磊哥领投并携手杭州恒励集团等基金，共同为我注入了 100 万元的天使投资。

向上社交，放下所谓的面子，我们才能拥抱更广阔的世界。参加《资本相亲会》这样的节目，对我而言不仅是一次挑战，更是一次成长的机会。我抓住了这个机会，并成功获得了资金支持。这段经历让我更加坚信，只有勇往直前，我们才能创造出属于自己的辉煌。

当时，为了说服磊哥为我投资，我详细地为他阐述了我的"情感赛道"业务。磊哥听后颇为赞赏，称赞我的 PPT 制作精美，预示着未来内容的质量也不会让人失望。那时，我公司账上在短短的三个月内便累积了 14 万元的现金流，平均每月进账四五万，这一成绩也为我的业务计划增添了不少说服力。

什么时候你最容易遇到贵人？就是你努力到无能为力，把自己的每一分力气都用到极致，把自己的每一滴汗水都流干，这个时候你的努力是会打动贵人的，因为他曾经和你一样，默默努力不被认可，这种精神让你们产生了共鸣，他才会去帮助你！

第一次破产

如今回首审视当时的经营策略，不少构想显得过于理想化，诸如"恋爱委托人"这类服务，便颇有些类似电视剧《恋爱先生》中的浪漫情节。客户只需提出一个委托，我便会全力以赴助其实现爱情追求。

那时，我才21岁，青春年少，管理经验匮乏。在员工薪酬与绩效的设定上显得力不从心，导致公司虽然业务繁忙，但账面上资金却捉襟见肘。苦苦支撑到2017年12月，随着天使投资款的耗尽，公司终究难以为继，不得不做出清盘的决定。这无疑是我创业道路上的第一次沉重打击。

对于这次失败的经历，我进行了深刻的反思。我意识到，单纯的创意和想法，若无法转化为实际的商业价值，便如同空中楼阁，毫无根基可言。我曾以为自己的理念超前，然而市场却以残酷的现实告诉我，想法并不值钱，真正有价值的是通过团队将业务体系化运作，为客户提供优质的服务。

　　或许，当你翻阅这本书时，你也会感叹自己怀才不遇，埋没于茫茫人海。但我要说的是，这个世界上没有人能够埋没你的才华，除非你自己选择放弃。真正能够成就我们的，并非那些灵光一现的绝妙想法，而是我们日复一日、年复一年坚持不懈的努力。这种看似平凡却充满力量的付出，才是我们通往成功之路的坚实基石。

创业之路多曲折

在"齐眉"公司破产后，2018 年 3 月，我辗转至兑吧，投身于知识付费的浪潮中，专职于销售课程的推广。然而，短短三个月后，我选择了离开，转而加入了磊哥的团队，开启了一段全新的学习之旅。

磊哥，不仅是我的天使投资人，更是我人生路上的重要引路人。在 2018 年那一年，我有幸见证了他的抖音号"崔磊—为思考点赞"从默默无闻到粉丝破百万的辉煌成就。他对我要求严苛，时常鞭策我前进。尽管在他的高标准下，我曾因工作业绩不佳而备受责难，但正是这份坚持与磨砺，让我更加坚定了自己的创业信念。磊哥自身的创业历程也是一段攻坚克难、精益求精的历程。面对千万投资的压力，他凭借坚强的意志力挺过了重重难关，成为我心中了不起的楷模。

在磊哥的悉心指导下，我逐渐崭露头角。当时，我尝试利用他的名声进行 IP 变现的探索，这便是后来 IP 代运营的雏形。在新媒体运营尚未成为主流时，我便敏锐地捕捉到了这一机遇，率先提出了 IP 打造的概念。通过精心策划和运营，我成功地将一些具有潜力的个人或品牌打造成为具有影响力和商业价值的 IP。我自豪地说，在全杭州，我是 IP 代运营领域的先行者。

然而，创业的道路总是充满曲折。离开磊哥后，我得到了广州"乌鸦救赎"大哥的 5 万元投资支持，决定重返杭州继续我的创业梦想。2018 年 11 月，我再次回到了最初的起点——西湖国际科技大厦的小公寓。站在那幢熟悉的大楼前，我感慨万千。过去的两年里，我经历了太多的起起落落、失败与挫折，但我从未放弃过自己的梦想和追求。我知道，从哪里跌倒就从哪里爬起来，这是我必须坚守的信念。

然而，遗憾的是，尽管我怀揣着这份投资重新开始创业旅程，但在接下来的时间里并没有取得突破性的进展。小打小闹的局面一直持续到 2019 年，最终以失败告终。连续几次创业的失败让我深感挫败和失落，但同时也让我更加清醒地认识到自己的不足和需要改进的地方。在未来的道路上，我将继续坚持学习和提升自己，不断探索和创新，为实现自己的梦想而努力奋斗。我相信只要勇往直前、坚持不懈就一定能够迎来成功的曙光。

共患难一生的贵人和兄弟

在 2016 年那段时光，湘洲成了我家的常客。那时，我刚获得天使投资，独居宽敞之所，我们两人常常畅谈至深夜。我热衷于分享互联网创业的点点滴滴，而他也总是兴致勃勃地倾听。那段时间，混沌大学与樊登读书成了我们的精神食粮，情感赛道则在我们的交流中逐渐浮现，激起了我们的浓厚兴趣。

那时的湘洲还是大学三年级的学生，充满青涩与朝气。2017 年，他顺利毕业后来到杭州，与我开始了合租生活，也开启了他的职业生涯。我深知多元化发展的重要性，于是建议他尝试不同的行业和赛道，以寻找更多的机遇。

湘洲秉持着向上社交的理念，虚心向他人请教。他在互联网上请教的一位导师给予他宝贵的建议："先选赛道，再选城市，最后定工作。"这简短而精辟的指导为我们指明了前进的方向。

然而，许多人却本末倒置，先选定工作内容，却忽略了行业和城市的重要性。湘洲当时面临两个选择：共享充电宝和美团。前者看重地推能力，认为他的学历过高；而后者则让他结识了现在的合伙人，并参与了曼玲粥铺的辉煌历程。最终，他们共同创办了"串意十足"，将烧烤品类推向了国内巅峰。那时的他，虽然才刚刚踏出校门，但短短两年间，已凭借自己的努力和才华成就斐然，驾驶着玛莎拉蒂，意气风发。

巨大的对比和落差，让我产生了严重的"自我怀疑"，认为自己选错了行业，这些年的努力都白费了。我萌生了换一个行业试试看的想法。

2019 年，在最无助的那个阶段，湘洲盛情邀请我加入他的餐饮事业。面对他的成功和自己的窘境，我内心五味杂陈。

我决定放下过去的固执，跟随湘洲开启新的征程。2019 年 10 月 15 日，我踏上了前往苏州创意产业园的旅途。初到之时，我们便投身于外卖平台的运营中，为美团和饿了么提供代运营服务。起初业务上升很快，我接触到了一众大佬。

但是，这些链接，非常表面，仅仅是加了一个联系方式。那一刻，我明白了，向上社交不是一味接触大佬，而是要让自己有足够的价值为别人所用，当你没有价值时，即使大佬就是你的亲舅舅、你的亲哥哥，你也只能是给别人端茶递水。

就在我们的事业有一定起色之际，2020 年的新冠疫情突然来袭……

在最绝望的时候，妈妈煮的这碗面，给了我力量

在 2020 年 5 月的一天，我背着双肩包，孤零零地站在家门口，心情沉重地敲响了那扇熟悉的门。身上穿着的那一件衣服，是我当时所有的行李。那时的我，内心充满了挫败感，仿佛被世界抛弃了一般。

我曾以为，当我再次回到这个家时，母亲会用尖刻的话语责备我，会质问我为何如此落魄地归来。因为我深知，自己曾经的固执和追求，在现实的打击下变得如此不堪一击。我曾经不愿回老家，就是因为我害怕面对这样的自己，害怕承认自己的失败。

然而，当门打开的那一刻，母亲的反应却让我出乎意料。她没有责备我，没有对我冷嘲热讽，只是简单地问我："你回来啦，饿不饿？我给你下碗面。"那一刻，我的泪水在眼眶里打转。母亲的话语和态度，让我感受到了久违的温暖和接纳。

那时的我，经历了餐饮事业的失败，身负贷款、手头拮据、一无所有。在上海、苏州、杭州等地辗转漂泊，大学学业也未能完成。我觉得自己已经走到了人生的低谷，前途一片渺茫。然而，母亲的那句"饿不饿，我给你下碗面"，却如同一束光芒，照亮了我内心的黑暗。

在那个关键的时刻，母亲没有给我施加压力。她用她的包容和理解，给了我重新振作的力量。她的接纳和支持，让我找回了内心的信念和勇气。我知道，只要有母亲的爱在身边，我就有翻盘的可能。

如今回想起来，我深感庆幸和感激。庆幸自己在那个人生低谷得到了母亲的接纳和支持；感激母亲用她的爱为我指明了前进的方向。我知道，无论未来遇到多少困难和挑战，只要想起母亲的那份爱和鼓励，我就能勇往直前、无所畏惧。

从失败的低谷慢慢爬上来

　　在 2020 年，我深度复盘了自己之前的创业经历，发现我的优势并不是管理和统筹，而是深度理解客户的需求，然后定制产品。几年下来，我已经积累了数千客户案例，并对用户遇到的困境，有了深刻的理解和洞察。于是我决定，从湖州再次出发，一步一个脚印，做好客户的个案，又一次踏上自己的创业之旅。回到故乡后，我在拇指大厦租下一间办公室，重新找回生活与工作的节奏。那年的 5 月 23 日，我收到了一张学员的结婚照片，这张照片对我而言意义非凡，它让我深刻感受到自己正在做的事情真正帮助了他人、为他人创造了价值。因此，我更加坚定了自己的信念，决心将这条道路走到底。

　　就在收到那张照片的两天后，我独自一人对着电脑录制了大量的课程。我的目标是帮助女性解决情感、家庭、婚姻中的多方面问题，提升她们的认知水平和精神境界，使她们变得更有智慧、更加强大。

在创业的过程中，我经历了许多失败和挫折，但我从未放弃过。我告诉自己，要在明确的地方下功夫，持续深耕这个赛道，直到取得成功。虽然我的起点比别人低，但我坚信只要坚持下去，就一定能够迎来成功的曙光。

为了推广自己的课程和产品，我开始在知乎上写文章，通过文章引流的方式吸引精准客户。在这个过程中，我遇到了曾经在我这里实习过的呐平老师。他告诉我，三年里他已经攒了100万元。这个消息对于我来说犹如一记耳光，让我更加努力地投入到工作中去，也让我看到了希望，知道这个行业有巨大的机会。

我们决定合作，共同打造知乎账号，通过写文章吸引更多的客户。随着时间的推移，我的知乎账号开始获得推流，精准客户也越来越多。我的经济状况逐渐好转，每个月的收入稳定在四五万元。

到了2021年3月，我终于买下了人生中的第一辆车。然而，我知道这只是一个开始，我还有更长的路要走。

这是我人生中重要的一个转折点，对于所有创业的人而言，精准知道自己的人生定位至关重要。有的人擅长做市场推广，有的人则善于统筹管理，创业并不需要你是一个完美的人，而是找到你最具优势的地方，然后通过你的优势，去吸引在其他方面具备优势的人，这就能够实现强强联合。

　　做生意和经营感情一样，一定是用人所长、容人所短，没有完美的人，只有懂得运用的识人高手。

不满足于小康，将破圈进行到底

2021 年，随着业务的稳定，我所服务的客户也在逐步增多，但也遇到了瓶颈。个体咨询，能够服务的客户数量非常有限，单月的产值也只能停留在十几万，我个人的业务能力无法进一步放大，必须借助别人的力量进行"破圈"。

我给自己罗列了一个"高手清单"，将我自己身边可以请教学习的高手都梳理了一番，我发现在湖州这座小城市，想要破圈最好的资源，就是艺考时期，帮助过我的张老师。于是我再次联系到他，此时的他已经有了一栋独立的教学基地，成为湖州当地最优秀的艺术类培训机构的负责人。

因为过去帮助张老师招收学生和筹办校园内的招生会，我给张老师留下了很好的印象，他非常愿意给予我帮助和支持，他承接了蔡崇信（阿里巴巴集团创始人之一）公益基金所组织的学生活动，让我和他一起设计活动方案。

在设计方案时，我意识到，这个活动，会对湘洲的事业产生不错的帮助，让他有更好的"光环"，可以去和别人合作。于是我抱着试一试的态度邀请他参加。

没想到他态度格外热情，不仅抽出时间参加活动，还和我长谈了许久，帮助我梳理了事业和人生的规划。当时的我没有想到，这次谈话对后来的我会有如此深远的影响。就像当时的他没想到自己两年后会成功登上"福布斯富豪榜"的"U30 榜单"一样。

这次成功的破圈经历让我深刻明白，我们每个人身边都有着非常值得我们挖掘的资源，深挖下去，找到对方的需求，就能够让对方帮助我们。所谓的大佬，并不是已经很成功的那些人，和那些人链接我们获得的机会并不多；而是那些比你优秀一些，他的认知和资源超过你，但是你的能力和才干可以为他所用的人。这样的人，才是帮助我们"改命"的贵人。

第二次破产，绝境中向死而生

　　2021 年的盛夏，我怀着满腔热血回到杭州，寻觅新的办公天地，决心全职投入抖音的怀抱。那时的我，满怀憧憬，以为只要一挥手，便能在这片热土上掀起波澜，让业务如火如荼地展开。

　　然而，现实却如冰冷的雨水，无情地浇灭了我心头的火焰。我发现自己的抖音之路并非想象中那么平坦。尽管我竭尽全力，但观众却寥寥无几，即便投放了广告，播放量也惨淡不堪。我渐渐意识到，抖音的世界已然不同于 2018 年的蛮荒时代，那时随意拍摄便能轻易俘获观众的心。如今，我对自己产品内容的理解、对情感现象和问题的阐述深度都需要进一步挖掘。我虽然在解决客户咨询方面游刃有余，但却无法将那些专业的术语转化为大众喜闻乐见的语言。

　　我陷入了一种深深的纠结中。我明明拥有专业的知识，能够为客户解决问题，甚至因此获得了收益，但为何我的声音却无法传达给更广阔的用户群体？为何他们无法理解我、听到我？

曾记得，在我的抖音直播间初开之时，仅有 108 人观看。我孤独地直播了 3.7 个小时，观众却始终寥寥无几，稳定在一人或两人之间。那种寂寞与无奈，让我犹如黑夜中的独行者。

后来，通过不断学习和调整，直播间人数越来越多，公司收入也稳定增长。此时的我，自以为已经掌握了抖音经营的奥秘，便急于求成地开始教授他人如何玩转抖音。短短一个月内，我收获了百万的收益，那种飘飘然的感觉让我仿佛置身于云端。我急切地购入一辆跑车，风光无限地四处考察，从北京到沈阳，都留下了我的足迹。

然而，就在我沉醉于这短暂的辉煌时，小徐总的一句话如冷水浇头，让我瞬间清醒："业务模式交付不了，会崩盘的。"不幸的是，这个预言最终成为现实。

我的公司在收到百万款项后，却无法兑现对客户的承诺。服务质量每况愈下，导致一位合作伙伴代理商带领着一批人发起了退款潮。我无奈地将心爱的跑车变卖，仅仅三个月，那辆曾让我引以为傲的跑车便离我而去。退款、公司清算、负债累累……这一次的失败对我而言无疑是沉重的打击。账上的资金不足以应对退款潮，甚至无法支付员工的薪资。最终，我背负着几十万的债务，再次陷入了人生的低谷。

这是我的第二次破产经历。每一次当我试图走捷径、挣快钱时，总会遭到无情的反噬。我深知自己必须从执念中解脱出来，摒弃赚快钱的念头。

财富的爆发确实是运气，但是留住财富却须依靠实力。当潮水退去，就能够知道谁在裸泳。我以前最不屑的一个词就是"德不配位"，经历了这么多之后，我才深刻明白，能力可以创造财富，品德才会留住财富。

一次次有效复盘

多年来，我养成了记日记和进行复盘的习惯，这两个习惯在我的人生中扮演着举足轻重的角色。

在创业初期，我深受"创新工厂"知名投资人李开复先生思想的影响。他曾提到，一个年轻人想要从普通走向卓越，关键在于如何高效地利用时间。他建议我们以 15 分钟为单位来记录自己的人生，通过回顾和优化自己的时间习惯，来洞察自己的时间到底花在了哪里。

我还记得曾读过一篇关于一位亿万富翁分享成功心得的文章。他有两个相册，一个记录了他的辉煌成就，在遭遇失败时，他会翻看这些照片来为自己加油打气；另一个则记录了他人生中最痛苦、最失败的时刻，当他自满或傲慢时，这些照片会提醒他保持谦逊和清醒。当时的我深受启发，决定也要在自己的生活中实践这种方法。

从 2015 年开始，我坚持每天记录自己的日常。现在我已经不再记流水账了，而是专注于记录关键事件并进行复盘。这个习惯对我的人生帮助极大，它让我养成了复盘思维，使我能够更清晰地审视自己过去的经历。

每当我回顾自己的人生历程，特别是那些看似充满挑战和困难的时刻，我逐渐意识到，很多时候问题并非出在外部，而是源于自身。要么是因为自己做得不够好，要么是因为能力不足。通过复盘，我可以从情绪化的角度跳脱出来，以更客观、更清醒的视角来审视问题，这也提升了我的洞察能力。

这个习惯我已经坚持了很多年，无论是遇到人生中的大事还是小事，我都会进行复盘。哪怕是恋爱分手、与父母争吵这样的私人问题，我也会认真分析自己在其中的表现和处理方式，并记录下来。这样的习惯不仅帮助我建立了强大的问题解决能力，还让我不断积累解决问题的思维模型，使我能够更准确地找到问题的根源所在。

年轻时，我曾抱怨过命运的不公，羡慕过别人的优越条件。但随着时间的推移和复盘的深入，我逐渐明白了一个道理：人生中的所有问题其实都是自己的问题，与他人无关。自己才是一切问题的答案。因此，我更加珍惜复盘的习惯，因为它使我能够更清晰地认识自己、理解自己，并与自己和解。

我还制作了一个思维导图来总结自己的方法论和创业初心。

同时，我也养成了将重要资料保存在云端的习惯，以确保自己能够随时回顾和复盘过去的经历。这些做法都对我的成长产生了积极的影响。

最终，人生就是一场与自己和解的旅程。通过复盘，我们可以更好地认识自己、理解自己并接纳自己。没有复盘的人生和有复盘的人生是完全不同的两种体验。现在我可以清晰地知道自己每一个行动的目的和意义所在，这一切都得益于我坚持多年的复盘习惯。

人生需要梳理和规划

我很早的时候，便对人生终极目标有了清晰的认知。从青涩的 16 岁开始，每年我都会为自己精心制订一份人生计划，这些计划，宛如我心中的灯塔，照亮我前行的道路。

2010 年，我首次在纸上勾勒出自己未来三年的蓝图。那时，我渴望进入一家大中型企业的市场部门，期望能创立自己的部门，并在 26 岁时跻身中层管理人员之列。同时，我计划学习第三门外语，为未来的创业之路做好铺垫。如今回首，我欣慰地发现，自己不仅实现了创业的梦想，更积累了丰富的人脉和资源。至于外语，它已成为我随时可以拾起的工具，为我的事业助力。

2013 年，我再次调整自己的规划，目标是在 26 岁时转向更高层次的省级平台。然而，命运的齿轮转动得比我想象的更快。如今的我，已经远远超越了当初的设想。不仅拥有了 10 年的创业实战经验，更与顶尖的合伙人共同打拼。我原计划在31岁时创办自己的第一家企业，以主持和婚庆为基础，逐渐拓展到网络配音教育。而现实是，我现在的企业规模已经远超当初的想象，实现了数十倍的跨越。

到了2017年，我的目标更加明确和宏大。我渴望在22岁出国深造后开展新的商业活动。如今出国对我而言不再是难题。同时，我计划撰写一本专注于25—28岁女性粉丝群体的书籍。虽然最终服务的客户群年龄稍大，但这个目标依然算是圆满完成。此外，我还设定了公司规模化运作和年收入稳定达到500万元以上的目标。值得骄傲的是，我们不仅实现了这一目标，而且现在的收入已经远超这个数字。

当然，我的目标并不局限于商业成就。我一直希望做一项有影响力的公益事业。虽然尚未全面实现，但我已经将这一计划提上日程。我计划通过专门的发售活动筹集资金，用于资助贫困女性。此外，尽管尚未带家人出国旅游，但我已经在经济上回馈了他们，为他们送上了心意满满的礼物。

对于终身价值的追求，我始终未曾停歇。早在2017年，我便萌生了建立一个商业性质的老粉丝俱乐部的想法。如今这一计划即将变为现实，我们将成立自己的情感赛道俱乐部，与粉丝共享成长的喜悦。

从2010年到现在，我的人生规划执行得相当完美。我不仅完成了所有的目标，而且都实现了超额完成。这让我更加坚信自己对人生目标的清晰认知是正确的。我知道自己想要活成什么样子，也明白现在应该做的事情是什么。

同时我也希望这本书的读者能够及早地为自己设定一个人生目标并制定相应的时间表。因为只有自己才能回答到底要过什么样的人生及成为什么样的人。在我内心深处一直有一个强烈的愿望就是拥有自己的企业甚至是家族企业，使我的家族成为一个富有的家族。这是我内心非常深刻的念头和想法，也是我一直以来努力追求的目标。

在未来的日子里我将继续努力实现自己的梦想。我计划在36岁时找到一个真正相爱的人，共同创造更多的社会价值并树立独特的企业和团队文化，专注粉丝的终身价值。同时我也将不断通过学习来提升自己的能力和认知，纠正自己的错误，并持续报名参加各种课程和培训提升自己的专业素养和综合能力。

即使在2020年几乎一无所有的时候我依然敢于梦想并制订了年入百万的计划。我坚信只有敢于梦想并付诸行动才有可能实现梦想。如果连想都不敢想那就一定无法实现梦想。

最终我的人生目标是到51岁时打造一家进入世界五百强的企业，为社会创造更多的价值，并为自己的家族和粉丝带来更多的荣耀和福祉。

第四章　打造女性情感赛道

价值爆破，让贵人从几百人中记住我

在经历了第二次破产的沉重打击后，我深陷于几十万负债的泥沼中。那时，我与我的合作伙伴"进击的小徐"进行了一场深入灵魂的对话。他以敏锐的洞察力指出我的症结所在："清风，你才华横溢、能力出众，但思维过于活跃，这既是你的优点，也是你的软肋。我唯一的担忧就是你的心思太过活络。如果你能真正沉下心来专注做事，我这里的大门随时为你敞开。"他的话如同一把锋利的剑，直刺我的痛处。

回首过去几年在"情感赛道"上的摸爬滚打，我意识到自己的失败源于对产品调研的肤浅和对市场认知的模糊。我曾盲目地追随知识付费的潮流，企图快速捞取财富，却最终碰得头破血流。我渐渐明白，用户不是傻子，他们能敏锐地感知到我的功利心态，并因此对我产生强烈的反感。

在那个关键的时刻，我开始从过去的执念中解脱出来，重新审视自己的业务和价值观。我决定退还那些因信任我而支付的费用，尽管徐总表示理解并建议我保留这部分收入。但我的底线和原则让我坚定地选择了退款。这一举动不仅让我赢得了用户的尊重，也为徐总对我的信任奠定了基础。

我深知"听人劝，吃饱饭"的道理，特别是要倾听那些优秀者的建议。在徐总的鼓励和引导下，我逐渐沉下心来，专注于情感赛道的产品研发和推广。2021年12月30日，我加入了徐总的团队，开始了一段新的征程——抖音直播。

徐总在杭州抖音圈中堪称翘楚，他拥有40多万粉丝的抖音号在当时极为罕见。作为红蚁MCN和红蚁短视频直播学习研究院的创始人，他展现出了强大的变现能力和卓越的商业头脑。更令人钦佩的是他擅长向上社交的能力，这从他的师父陈厂长那里得到了充分的体现。

徐总与陈厂长的师徒情缘颇具传奇色彩。2018年大专毕业后的徐总面临着回到家乡芜湖过平淡生活的困境。然而他不甘平庸，决心改变命运。2019年他通过朋友圈了解到同学小伟在广州日赚3000元的经历后，毅然决定前往广州学习抖音营销。凭借坚韧不拔的毅力和对成功的渴望，他在广州学有所成后，回到芜湖实现了月入过万的突破。

然而徐总并未满足于此，他渴望更大的成就。2020年他发现了拥有100多万粉丝的抖音大号"陈厂长"，并主动寻求合作机会。陈厂长以考验他销售能力为条件进入了他的直播间。尽管当时直播间只有 3 个人,但徐总凭借着坚韧不拔的精神在 8 个小时的直播中成功卖出了三单产品,赢得了陈厂长的认可,并收他为徒。

在陈厂长的悉心指导下,徐总的业务迅速爆发,实现了单月业绩数百万甚至上千万的壮举。然而好景不长,由于各种原因他们的合作最终解散。但这段经历对徐总的影响深远,塑造了他坚韧不拔的性格和敏锐的商业洞察力。

2021 年徐总孤身一人来到杭州寻求新的发展机会。因缘际会之下我们相遇了。在与徐总的初次交流中,我毫不犹豫地表达了对他的支持和信任。当他提及准备开设线下课程时,我立刻表示愿意报名并支付了费用,尽管当时他还没有准备好收款码。这一举动让徐总对我产生了深刻的印象,也为我们后续的合作奠定了基础。

如今的我,可以实现年入千万,完全是因为徐总在困境中的支持和帮助,通过这次经历,我更加深刻地体会到"向上社交"的重要性。在与优秀者的交往中我们不仅能够获得宝贵的建议和指导,还能在关键时刻得到他们的支持和提携。这些经历,让我更加坚定地相信,一个好汉三个帮。一个人想要改变人生和命运,需要不断向上社交,借助贵人的帮助才能真正"逆袭"。

和贵人相处的思维

当时，我毫不犹豫地扫码付款，就这么一个动作，我们就快速结缘，徐总就记住我了。为什么做这个动作？这是和贵人相处的几种思维之一。

比如说，最早教我播音主持的张老师，我能够与他建立联系，是因为我帮他介绍了学生，这是价值交换的思维。

为什么湘洲这些年来一直帮助我？这是因为我一直在努力，而且我也一直在想尽办法回馈他、感谢他，这是感恩的思维。

为什么我能和徐总迅速建立联系呢？这得益于我自己创造的一个理论，叫"价值爆破"。简单来说，就是我通过超额的付出让你对我产生深刻的印象，然后我们再慢慢相处。第一次见徐总时，他的新产品刚推出，可能还没人愿意购买。那我就先买两单，他肯定就会记住我，因为我是他的第一个客户啊，是第一个站出来支持他的人。

社交，特别是像我们这样想要改变原有阶层，希望向上突破的人，最有价值的部分一定不是来自熟人，因为原来的圈子无法给我们帮助，甚至会牢牢地限制我们。

与那些原以为无法接触到的人建立联系，才是真正有意义的。当年的张老师是我们地方上的知名人物，但我从未因为他的地位而退缩。

有些人可能会觉得主动与成功者、重要人物建立联系是一种冒险。但正因为冒险，所以才有意思。我们不要害怕被拒绝，我们本来就是一无所有，还有什么可以失去的呢？我失去的充其量只是面子，最多就是别人对我有些负面评价。但大多数时候，我收获的是机会、惊喜和认可。

比如说，当我把"情感赛道"当作专业去经营的时候，刚开始时压力很大。我会想社会上的人会怎么看我，会不会认为我太年轻、不够专业。但这种担忧现在已经完全消失了。因为我一无所有，所以我不怕失去；但凡得到一点，都是赚的。即使失去，我失去的也只是一点虚无的面子；但如果我成功了，我得到的就是整个世界。

我拿到百万天使投资的那次经历也是如此。我在一个 APP 上上传了我的商业计划书，然后对方联系了我。接着我参加了节目，然后拿到了 100 万元的天使投资。我深知自己站在起点上，一无所有，所以我必须拼命努力。这种思维方式已经深深

110

地烙印在我的脑海中：任何一个机会，只要我看到了，我就一定要抓住它。即使在这个过程中受伤了、失败了或者没有达到预期的结果，我也可能会暂时自我怀疑，但无论如何，我都要坚持下去，不能轻言放弃。

直播间里8个月的黑洞期，只有几个人

在公司清算的冷风中，我仿若枯叶般被吹回原点。然而，即便牙关紧咬，我依旧选择顽强前行。

临近春节的腊月二十，雪花如同破碎的梦境纷纷扬扬。在那场纷飞的大雪中，我卖掉了车，踏着厚重的积雪，搬着行李走向新的办公地点。那一刻的辛酸，如今回想起来，仍旧如冰冷的雪片刺痛着我的心。

抖音直播成为我重新起航的舞台，我从零开始，一点一点地摸索，直播间也在我手中逐渐完善。春节的脚步越来越近，公司里的人影日渐稀少，而我却坚守在镜头前，用热情对抗着寒冷的冬夜。

记得那是 2022 年 1 月 10 日，摄影师为我录制视频。当录制接近尾声，只剩下我和摄影师在寒风中忙碌。那个小伙子带着玩笑的口吻，将上传至百度网盘的文件命名为《绝唱》。他说：

"这可能是你最后一次录短视频了，我给你录个'绝唱'吧。"
那一刻，我惊愕不已，然而，我凭借着坚定的意志，硬是挺过
了那场"绝唱"的风波。

　　春节的假期里，我短暂地回到了湖州老家，然而直播的热
情并未因此熄灭。整个春节期间，我的直播间成了我最温暖的
港湾。虽然直播间最高在线人数只有49人，但我从未感到孤单。
因为我知道，每一次的坚持都是在为未来的绽放蓄积力量。

　　从2022年1月到5月，直播间的观众数量虽然不多，只有
200人左右，但我从未放弃过。我用热情和汗水浇灌着这片属于
我自己的小天地。徐总看到了我的努力和坚持，他鼓励我："你
挺能干的，能吃苦，基础业务能力也很强。只要沉下心来把情
感课程打磨好，流量自然会上来的。"他的话语如同春风拂面，
让我看到了希望的曙光。

　　于是，在徐总的助力下，我开始了新的征程。

持续复盘，跑通视频号节奏

时光荏苒，转眼来到了充满挑战的 2022 年 3 月。那时，我身处抖音直播的浪潮中，却感到前所未有的迷茫。每月的销售收入勉强达到 10 万元，扣掉团队开支后，所剩无几，仅够维持生计。

我不禁回想起 2020 年在湖州的日子，那时我一个人奋斗，却能买车、攒钱，生活过得有滋有味。如今，为何反而步入困境？

疑惑与焦虑交织在心头，我敲响了徐总的办公室，寻求他的建议。我是否真的可以成为一名"网红"，我是不是真的能够如我想象中那样，帮助许多人解决问题？

徐总坚定地回答我："清风，你一定可以的！"

他的话如同一盏明灯，照亮了我前行的道路。我意识到，必须相信比自己更优秀的人的判断。而且，我即将步入 30 岁的门槛，如果再不抓住机会改变命运，恐怕这一生就此定格。

　　于是，我下定决心，在情感赛道上继续奔跑。毕竟，我已经在这条路上付出了近十年的努力，怎能轻言放弃？

　　《少有人走的路》中曾言："勇敢地选择自己的道路，别害怕，别后悔。"当年，我勇敢地选择了这条路，现在，我更要坚定地走下去。

　　终于，2023 年 5 月，我们推出的一条视频引爆了全网。这条视频如同一颗璀璨的明星，照亮了我们前行的道路。原来准备的情感赛道知识全部串联起来，形成了良好的正向循环。用户对这套作品赞不绝口，下单量激增。直播间也迅速起量涨粉，从此开启了逆袭之路。

　　流量和变现逐步突破层级，粉丝数量近 500 万。一夜之间，我翻身成为网络红人，负债全部还清。这一路的坚持和努力，终于换来了丰硕的果实。

　　到了 2024 年的春节，我们已经彻底打造成了万人直播间。从那时起，我们的直播间基本上都是上升路线，不断吸引着更多的观众和粉丝。2023 年，我们更是拿下了多个行业头部直播的荣誉，签下了多个万人直播间的主播。这一路的快速发展，让我们感到无比自豪和满足。

　　那条引爆全网的视频，主要内容是鼓励女性珍惜当下，不要过于追求结果和未来。在今天看来，这样的观点可能并不独特，但在当时，却是一个大胆而新颖的议题。我们敢于挑战传统观念，敢于为女性发声，这也正是我们能够脱颖而出的原因。

截至 2023 年 6 月，我的抖音直播已经从千人在线跃升至万人在线，变现能力也从一天一万元飙升至年底单场破 10 万元。同时，我们的视频号也从零起步，逐渐实现了成交量的爆发式增长，这一切的成就，都离不开我们团队的努力和坚持。

天性里的坚韧和弹性

　　我的性格，就如同一颗皮球，即使被生活重重摔打，也总能反弹而起，重新恢复活力。这正是我性格中坚韧与弹性的真实写照。而那些华美的玻璃杯，虽然外表引人注目，却因其内在的脆弱而无法承受生活的重压，稍遇挫折便瞬间碎裂。

　　那么，何时我的坚韧更为凸显，弹性更为显著呢?

　　记得我的抖音直播间在开播的最初八个月里，犹如一片荒芜的沙漠，鲜有足迹。面对那冷清的直播间，我并未选择放弃。我坚守在那里，不断调整自己的状态，尝试各种可能吸引观众的方法。这是我的弹性在发挥作用。面对困境，我迅速调整策略，努力寻找新的出路。而在这漫长的坚持中，更凸显出我性格中的坚韧。我明白，只有持之以恒地努力，才能最终迎来成功的曙光。

　　然而，生活并不总是一帆风顺。在我的创业历程中，我曾经历过无数次的低谷和崩溃。尤其是那一次，当我花光了所有的天使投资，却仍然看不到任何成功的希望时，我陷入了前所未有的绝望中。那种感觉，就如同小时候花完 100 元稿费买刮刮乐却一无所获的失落——仿佛把自己一生的好运气都刮完了。那一刻，我真的感觉自己"如坠冰窖"，四周都是刺骨的寒冷和无尽的黑暗。

然而，就在那最绝望的时刻，我性格中的坚韧和弹性再次发挥了作用。我告诉自己："我不服输！我不能就这样放弃！"于是，我鼓起勇气解散了公司、遣散了员工，让自己从零开始。我沉淀下来，冷静思考自己的不足和错误，重新规划未来的道路。我知道，这一切的痛苦和挫折都只是暂时的，只要我坚持下去，总有一天我会重新站起来。

我始终坚信，强大的意志力是我精神的底色。无论遭遇多少困难和挫折，我都会凭借自己的坚韧和弹性去勇敢面对。因为我知道在这个世界上，唯一能让自己依靠的就是自己的意志和信念。

没有自身的努力，即使有贵人相助，也无济于事。

如果连自己都不相信自己，那么等待我的将只有失败和绝望。因此，无论何时何地，我都会保持一颗坚韧而富有弹性的心，去迎接生活中的每一个挑战和机遇。而那些曾经的低谷和挫折也将成为我人生中最宝贵的财富，激励我不断前行。

网红和明星的最大区别

曾经，我们身处的是明星璀璨的时代，而今却已步入了网红风靡的纪元。那么，网红与明星之间，究竟蕴藏着怎样的区别？

网红，他们以真实为骨、以生活为肉，塑造出的是原汁原味的自我形象。他们的人设，无须过多粉饰，更不必刻意雕琢，便自然流露出与众不同的个性魅力。反观明星，他们的人设往往是经过团队精心策划、细致打磨而成，如同一件精致的艺术品，虽璀璨夺目，却难免有些距离感。

在这个瞬息万变的时代，"塌房"一词悄然兴起，成为明星人设崩塌的代名词。明星为何会"塌房"？究其原因，他们所经营的人设过于完美，以至于在现实中难以找到与之契合的存在。当然，这也不能全然归咎于明星自身，毕竟众多不成熟的观众渴望着他们能成为心中的完美情人、完美伴侣。然而，人世间哪有尽善尽美之事？"塌房"因此成了一种难以避免的现象。

至于我，则始终坚守真实自我的原则。我不追求华丽的包装，更不屑于伪装成别人喜欢的样子。我就是我，独一无二的存在。我所展现的，是最真实、最自然的状态。粉丝愿意关注，我自然笑纳之；若不愿，我也绝不勉强。我深知，唯有以真诚待人、以真实示人，才能赢得用户的真心喜爱和长久支持。

大愿大行，要帮百万女人脱困

　　我的梦想质朴而坚定：愿每一位与我并肩的伙伴都能有车有房。如今的我，更着眼于现实，每当我见证客户实现购车置房的梦想，内心便涌起由衷的幸福感。这份情感的源泉，究竟何在？或许，它源自我解决了自身温饱后，更深层次的追求——引领他人走向成长与进步。

　　我目睹着她们的努力与拼搏，心中涌动着无尽的欣慰。因为她们，就像曾经的我一样，怀揣着改变命运、掌握人生的渴望，即便没有显赫的家世、优渥的条件，也从未向命运低头。倘若在她们奋斗的道路上，我能为她们指明方向，使她们避免不必要的坎坷，那么我所付出的努力，便拥有了无法估量的价值。

　　因此，我初心不改，从早期的"帮助百万女性脱困"到如今的"跟着风哥，有车有房，有米有爱"，我们的口号变得更加具体而务实，但核心的精神始终未变。2023 年，有上千名女性在我们的引领下，逐步蜕变为生活中的大女主。

她们，不仅仅是个体的成功，更是一个时代的缩影。我视她们为生命中的孩子，为她们发声、为她们的命运呐喊，成为引领她们改变命运的先锋。我所创造的价值，远非金钱所能衡量，我带给她们的是人生的巨大转变、是情感的社交智慧、是分享与回馈的力量、是经历痛楚后的向死而生。

在这条道路上，我始终坚守着内心的正道与慈悲，同时也要求自己不断前行，成为更好的自己。

强者思维，终身成长

没有人是天生的强者，但每个人都可以通过不懈努力和持续的修炼，逐渐蜕变为强者。强者和弱者之间最核心的区别在于，强者总是习惯从自身寻找问题的根源，而弱者则常常将责任归咎于外部环境。

回首 2016 年，那是我人生中的一个重要转折点。当时，我幸运地获得了人生的第一笔天使投资，而那时的我还只是一名大学生。当我的同学还在教室里埋头苦读时，我已经迈出了创业的第一步，租下了一整层宽敞的办公室。那时的我，心中充满了自豪和期待，误以为自己已经踏上了成功的快车道。

然而，现实却给了我一记沉重的打击。由于经营不善，我的公司在短短一年后就宣告破产。那段时间，我陷入了深深的痛苦和自责中。我觉得自己运气太差，为什么别人创业能够一帆风顺，而我却如此坎坷？

　　直到后来，我才逐渐意识到，这一切的挫败其实都源于我自己。是我缺乏经验、盲目自信，没有从自身找原因，才导致如今的局面。当我真正接受这个事实时，我才开始从破产的阴影中走出来，重新振作精神，再次将公司经营得风生水起。

　　所谓的运气好、命好，其实只是强者善于从自身找原因、勇于承担责任的体现。只有真正从内心认识到自己的不足，并付诸行动去改变，才能成为真正的强者。

　　再讲述一位我学员的亲身经历，或许能为你揭示生活的另一面。在遇到我之前，她的生活被单调乏味的家务所淹没，每日清晨，当第一缕阳光尚未跨过窗台，她便已踏入厨房，为丈夫与孩子准备早餐。随后，是无尽的拖地、洗衣、手洗丈夫的内裤，以及打扫每个角落的尘埃。她的日子如同机械般重复，仿佛失去了灵魂的躯壳。

　　然而，生活的平静被一桩突如其来的事件打破。一个小三闯入她的世界，带着轻蔑与挑衅，仅仅几句话便将她自以为的幸福生活撕得粉碎："你的丈夫在我这里，他口口声声说要与你离婚，你又何苦紧缠不放？"这些话语如同尖锐的刀刃，深深刺入她的心扉，将她从自欺欺人的梦幻中惊醒。

　　她的丈夫在事业上取得了辉煌的成就，年收入已突破百万，正向千万大关迈进。然而，她的大专学历在丈夫的公司中，显得如此格格不入。尝试寻找适合自己的职位无果后，她无奈地选择回归家庭，继续扮演全职太太的角色。她曾抱怨命运的不公，质疑丈夫对家庭的付出是否只是虚伪的"表演"，怀疑他的心早已游离在外。

在我的悉心引导和坚定支持下，她勇敢地面对自己停滞不前、缺乏成长的问题，她重新找回了自信与力量，与丈夫坦诚对话，并最终成功达成协议。家中的车子、房子等资产都过户到她的名下，我协助她保住了这份价值千万的家庭财富。

这位学员是幸运的，因为她及时觉醒了强者思维，成功地挽回了潜在的损失。然而，我深知还有许多女性正经历着类似的困境。她们为家庭默默付出了一切，最终却遭遇了伴侣的背叛。有些女性选择了净身出户、一无所有；有些则选择了忍气吞声、委曲求全。我为这些女性感到深深的惋惜和心疼，因为她们的善良与付出理应得到更好的回报。如果她们能早一点觉醒，或许能书写一个完全不同的结局。

女性在婚姻的殿堂中，有时会步入一个微妙的误区：她们以为，一旦披上婚纱，就应将生命的全部重量交付给对方，将未来的希望完全寄托在伴侣的肩上。然而，当对方稍有差池，未能如她们所愿，她们便会心生怨怼，抱怨与指责如潮水般涌向另一半。随着时间的推移，这些矛盾如同滚雪球般越滚越大，最终使两颗心渐行渐远，甚至走向分道扬镳的终点。这，便是缺乏强者思维所带来的悲哀。

在这个世界上，唯一值得你全然信赖与依靠的，不是你的父母、不是你的子女，而是你自己！强者思维，亦可称之为强势文化，它的存在与弱势文化形成了鲜明的对比。弱势文化是一种寻求"救世主"的信仰，它让人们相信总有一个超然的力量能够主宰自己的命运，总有一个外在的援助能够改变现有的困境。

然而，强势文化却截然不同。它尊重客观规律、尊重道义的指引，更尊重数据的决策力量。在实践中，它鼓励我们从自身寻找问题的根源，将能够改变的部分做到极致，同时坦然接受那些无法逆转的事实。

举例来说，男人往往对撒娇的女人无法抗拒。在弱势文化的桎梏下，女人可能会将这一行为视为男人的"劣根性"，并坚持自己应该继续承担家务琐事，而不是去取悦男人、赞美男人，为他们提供情感上的满足。但在强势文化的照耀下，女人会洞察男人的这一人性弱点，并巧妙地利用它作为两人关系的润滑剂。

鱼无水则枯、心无书则空。要锤炼强者思维，何不从一本蕴含哲理的书启航？在我稚嫩的年纪，便有一本名为《富爸爸穷爸爸》的书闯入了我的世界，它所蕴含的深邃智慧，如同甘泉滋润了我干涸的心田，让我受益良多。

书中"老鼠赛跑"的描绘，揭示了一个残酷的现实：无数人的生命，在"借贷—购房—偿还债务"的循环中逐渐流逝。他们仿佛被困在一个永无止境的转轮中，如同仓鼠一般，拼命奔跑却永远无法摆脱困境。那一刻，我如梦初醒，内心涌起一股强烈的渴望：我要成为生活的强者，绝不能沉沦于这无尽的轮回中。自那时起，我便踏上了追求成长与进步的征程。如今回首，我已实现了许多年少时难以企及的成就，过上了曾经连梦中都不敢奢望的美好生活。

我在而立之年，实现年入千万的成就，正是得益于这种强者思维的指引。当你学会用强者的心态去面对生活的种种挑战时，你不仅会在爱情的领域里收获满满的幸福，更会在生活的其他战场上所向披靡。在这个竞争激烈的社会中，只有成为强者，才能更好地生存与发展。

今天，如果你也怀揣着改变命运、追求卓越的梦想，那么请相信，我所推荐的这本书将成为你人生旅程中的一盏明灯。它不仅带你洞察人性的奥秘、理解男女相处的智慧，更引领你重新审视人际关系、颠覆你固有的认知。我衷心希望，你能通过这本书开启全新的人生篇章，如同我一般，在书的海洋中汲取力量，勇敢地改写自己的命运！

价值交换下的平衡与博弈

《道德经》有云："天之道，损有余而补不足；人之道则不然，损不足以奉有余。"此言揭示了自然与社会的两种截然不同的运行法则。自然界中，月满则亏、水满则溢，万物趋向于平衡与和谐；然而，在人类社会中，往往是弱者依附强者、贫者服务于富者，这似乎成了一种难以打破的定律。

卡耐基曾深刻指出："当你为身边人带来丰厚利益时，他们会对你展现人性之善；而当你无法满足他们的利益诉求时，他们则可能对你显露人性之恶。这便是人际关系的真相。"这番话直指人心，揭露了人与人之间交往的本质——价值思维，或曰交换思维。在这种思维模式下，人与人之间的关系建立在价值的基础之上，价值成为维系关系的纽带。真诚固然重要，但它只是加分项，而非决定项。

婚姻亦是如此。男女结合，不仅仅是出于爱情的考虑，更深层次的是出于价值交换的考量。人类的行为往往带有目的性，婚姻也不例外。或许有人会说，将婚姻看作价值交换太过功利，但仔细思量，权衡利弊乃是人的天性。爱的本质其实就是一种等价交换，真正能做到在感情中只付出而不求回报的人寥寥无几。

当你为对方提供的价值越高，对方背叛你的门槛也就越高。无论是工作关系还是夫妻关系，都遵循着这条铁律——价值交换。这并不是一种功利的表现，而是人性使然。只有当交换双方的需求都得到满足时，感情之树才能茁壮成长。若只有一方付出而另一方只顾享受，那么这段感情终将因缺乏滋养而枯萎。

因此，努力提升自己比仰望别人更有意义。当你变得更有价值时，你就拥有了选择别人的权利。永远要记住，提高自己才是硬道理，将主动权牢牢掌握在自己手中才是王道。当你开始享受自我提升的乐趣时，你会发现你已经不再害怕孤独和失去。因为你知道那些无效的社交只会消耗你的价值而无法带给你真正的提升。孤独是人生的常态，也是强者的必修课，只有耐得住寂寞才能守得住繁华。

身为女性，在与男性的交往中，拥有哪些可以与之交换的宝贵价值呢？细数之下，主要有三大类别。

其一，便是生育价值。生儿育女，对于杰出的男性而言，这往往是他们最为珍视的价值。他们热切地期望自己的血脉能够承袭自己的成功，将生孩子视作一项重大的生命投资。而青春年少、待字闺中的女孩，无疑是生育价值最为璀璨的体现。

其二，是情绪价值。这是一种能够深深触动他人情感的能力。就如同那些扣人心弦的虐恋电视剧编剧，他们精准地把握了这种价值，将观众的情绪牵引得如痴如醉。当观众目睹主角分离时，会为之担忧、感伤；而当他们历经磨难终于团聚时，又会感到欢欣鼓舞。在这一波波的情感涌动中，观众的注意力被牢牢吸引，最终不仅看完了整部剧集，还无形中接受了其中植入的广告信息。

其三，则是经济价值。优秀的工作表现、显赫的家世背景，以及丰富的资源网络，都是经济价值的体现。例如，在婚姻中女方家境明显优于男方的情况，往往就是女方经济价值的凸显。

当我们深刻理解了这些价值类型，并将其与价值交换的观念结合起来时，便能洞悉一切人际关系的本质。请记住这句话：一切关系都建立在价值的基础之上，没有价值就没有关系。

以 2023 年大热的电影《消失的她》为例，片中的女主角正是因为没有透彻理解关系的本质，错误地将男性为谋求经济价值而施予她的情绪价值误认为是真爱，最终酿成了海底丧命的悲剧。倘若她能早日领悟关系的真谛，回归价值的本源，或许就能减少许多幻想，避免这场悲剧的发生。

利他思维，先舍后得

在爱情的甜蜜中，许多恋人容易陷入"有恃无恐"的误区，一味索取却吝于付出，久而久之，感情的天平终将倾斜，导致关系的破裂。同样，在婚姻的殿堂里，许多女性对丈夫的付出视而不见、指手画脚，甚至连一句赞美都吝于给予。长此以往，丈夫的心也会渐行渐远，渴望逃离这个冷漠的家。

如果你也陷入了这样的困境，那么请审视自己是否缺乏感恩之心。要知道，爱情的长久建立在相互尊重与温暖的基础之上。夫妻双方若能彼此体谅、心怀感激，感情才能历久弥新。

以一个简单的例子来说明：假设你的丈夫平日忙于工作，鲜少顾及家务。某日，他突然兴起，将家里打扫了一番，虽然成果并不尽如人意，甚至不如请家政来得整洁。此时，若你缺乏利他思维，可能会出言打击他的积极性，让他颜面扫地，从此对家庭投入更少；而若你心怀感激，则会看到他的努力与付出，并予以肯定和鼓励。你的话语将如春风化雨般滋润他的心田，让他感受到家庭的温暖与重视。

这便是利他思维在婚姻中的力量。当你学会感恩伴侣的付出时，你们之间的感情将不断加深，共同营造出充满爱与温馨的家庭氛围。那么如何表达你的感激之情呢？最简单的方法就是将对方的行为与优秀品质联系起来。例如，当对方为你预订了一家米其林三星餐厅时，你可以赞美他的品位而非仅仅强调餐厅的昂贵。此外，通过一些细微的举动也能传达你的感激之情，如一个拥抱、一张感谢卡片或一杯热茶等。这些小小的举动都能让对方感受到你的关心和爱意。

同时，不要吝惜对伴侣的赞美和鼓励。当对方在工作中取得进步或面临挑战时，请及时表达你的支持和鼓励，让他感受到你是他坚实的后盾。这将增强你们之间的信任感和安全感。

最后，请学会倾听伴侣的心声。倾听是一种无声的表达方式，能够拉近你们之间的距离。找一个安静的环境，静下心来倾听对方的需求、担忧和愿望。当对方向你倾诉时，请给予足够的时间和关注以表达你的重视和关心。

一段健康和谐的亲密关系，离不开相互的爱与感恩。没有人的付出是理所当然的。当你学会向伴侣表达感激之情时，他会更加珍惜这份来之不易的爱情，在平淡中相互扶持、在风雨中携手前行。

第五章　爱也需要技能

自我成长和价值提升

爱，究竟是何物？是心灵的契合，还是肉体的欲望？是瞬间的激情，还是长久的陪伴？每个人心中都有自己对爱的定义。在我看来，爱，更像是一场长期的价值交换，而能够在这场交换中保持平衡，则需要一种难得的智慧和能力。

为何生活中相爱容易相守难？当两个人初相遇，彼此眼中的对方往往是完美的，这得益于心理学上的首因效应。它让我们在初识时给对方加上了层层滤镜，忽略了那些日后可能成为矛盾的缺点。然而，当激情退去，生活归于平淡，那些被忽略的问题便逐渐浮出水面。此时，若不能客观评估彼此的价值，及时调整自己的期待和付出，爱情的小船便很容易在风浪中翻沉。

举个例子吧，我曾遇到一些学员，她们陪伴丈夫从一无所有到白手起家，但当丈夫年入百万之后，她们却陷入了痛苦之中。因为她们对丈夫的认知还停留在过去，认为只要为家庭付出，丈夫就不会背叛自己。然而，她们没有意识到，随着丈夫事业的成功，他们对伴侣的需求也发生了变化。在一无所有的时候，妻子的付出可能帮助丈夫解决了生活上的许多难题；但当事业有成时，妻子不能仅仅满足于扮演"保姆"的角色，而是需要与丈夫在事业上相互扶持、共同成长。

《三体》中有句话让我印象深刻："无知和弱小不是生存的阻碍，傲慢才是。"这句话同样适用于爱情。在爱情中，我们需要时刻保持谦逊和学习的态度，不断提升自己、成为更好的自己。只有这样，我们才能在爱情的长河中立于不败之地。而要做到这一点，就需要我们不断学习、充电、成长。学习如何被爱、如何给予爱是我们一生的功课。

爱情没有捷径可走，磨合是必经之路。当爱情进入磨合期时，我们需要用智慧去处理彼此之间的关系。同时，还要尽量避免三种情况：一是冷暴力，试图通过冷漠和疏远来让对方重视自己；二是逃避问题，不愿意面对和解决矛盾；三是频繁争吵，因为一些鸡毛蒜皮的小事而互相指责。这些做法都会让爱情陷入恶性循环中。

在爱情的路上，没有谁能够一帆风顺。那些能够携手走过风雨，最终迎来彩虹的情侣，他们共同的特点就是懂得在爱情的不同阶段采取不同的策略。特别是在磨合期，这个爱情中最艰难也最关键的阶段，更需要双方用智慧和耐心去应对。

在这个阶段，冷暴力、逃避和频繁争吵是三大常见的问题。冷暴力会让双方陷入冷战，感情在沉默中逐渐消磨；逃避则会让问题像滚雪球一样越滚越大；而频繁争吵则会消耗掉彼此的耐心和感情。要打破这种恶性循环，首先需要双方都能够冷静下来，客观分析问题的根源，然后寻找解决问题的方法。

在应对磨合期的挑战时，我们需要学会倾听和理解对方。沟通是解决问题的关键，而有效的沟通建立在理解的基础之上。试着站在对方的角度去思考问题，感受对方的情绪和需求。当我们能够理解对方的立场和感受时，很多矛盾就会迎刃而解。

同时，我们也要学会调整自己的心态和行为。爱情不是竞赛，没有必要争个高低输赢。当我们遇到问题时，不妨先放下自己的固执和面子，主动寻求和解和妥协。记住，爱情是需要双方共同维护的，没有谁能够一直占据上风。

在提升自己的价值方面，我们不仅要关注外在的形象和气质，更要注重内在的修养和能力。不断学习、成长和进步，让自己变得更加优秀和有吸引力，这样不仅能够更好地满足对方的需求，也能够让自己在爱情中保持自信和独立。

当爱情趋于平淡时，我们不必过于担忧和恐慌。真正的爱情是需要经历时间的考验和磨砺的。在这个阶段，我们可以尝试为彼此创造一些新的浪漫和惊喜，让爱情重新焕发出光彩。

同时，也要学会在平淡中感受幸福和满足，珍惜彼此相处的每一刻时光。

在爱情的长河中，我们会遇到很多困难和挑战。但只要我们能够用智慧和能力去应对和解决这些问题，就一定能够让爱情之舟稳稳地驶向幸福的彼岸。愿每一个正在经历爱情的人都能够珍惜彼此、用心经营、收获幸福！

此外，我们还要明白，爱情并非生活的全部。在追求爱情的同时，我们也不要忽略了其他重要的人生领域，如事业、友情、亲情等。一个完整的人生应该是多元化的、丰富多彩的。当我们能够在各个领域都取得平衡和发展时，我们的人生才会更加充实和精彩。

爱情是一场修行。在这场修行中，我们需要不断地学习、成长和改变。只要我们能够保持对彼此的信任、理解和支持，就一定能够克服一切困难、走过所有坎坷，收获属于我们的幸福和美好。愿每一个正在经历爱情的人都能够珍惜这段宝贵的修行之旅！

最后，我想说的是，希望每个人都能洞察关系的底层规律，通过努力和智慧为自己创造一个幸福的未来。记住，爱情需要经营和维护，只有不断学习和成长才能让爱情之树常青。

鉴别"渣男"，必须学会火眼金睛

关于"渣男"，我的定义是：那些通过隐瞒、伪装或欺骗等伎俩，以达到自身目的的人。他们往往以"爱情"为幌子，凭借自身的阅历、认知或某种光环，对女性进行欺骗甚至掠夺。

前几日，在我的直播间，有位女士连线分享了她的经历。她兴奋地告诉我，一个即将带领公司上市的董事长对她——一个月薪仅一万、相貌平平且离过婚的女性——产生了情愫。她沉浸在即将步入婚姻的幻想中，向我咨询应送何礼物以表心意。

我听闻此事，心中一惊。这种王子爱上灰姑娘的戏码，在现实生活中往往是骗局的开端。经过我一番苦口婆心的劝解，她终于如梦初醒，意识到自己被对方的光环所迷惑。这个男人不仅无意与她结婚，反而向她索取 20 万元资金以解燃眉之急。

幸运的是，在我的帮助下，她及时止损，未上当受骗。

时常有女性朋友向我哭诉："风哥，我被渣男伤了心，该如何是好？"这样的案例屡见不鲜，我深感痛心。在这些故事中，有的女性失去了财产，有的失去了尊严，有的甚至落得一无所有。

由于缺乏恋爱经验或其他原因，许多女性难以辨别渣男的真面目，往往在受到伤害后才幡然醒悟。然而，渣男虽狡猾，却也有迹可循。如果我们能提前了解他们的共性，在恋爱之初便将其筛选出局，那么我们的爱情之路或许会少些坎坷与伤痛。

在上述案例中，那位董事长便是典型的"光环男"。他们或吹嘘自己手握千万工程大项目，或自诩为某大公司总裁，又或声称自己年入百万寻求稳定的婚姻伴侣。面对此类男性，最佳的鉴别方法是：观察他们的行为而非轻信其言语。一个真心待你的男人会用行动证明自己的爱意；而那些只说不做的男性则很可能是渣男无疑。

更为恶劣的渣男甚至会在约会时要求女性买单。他们表面光鲜亮丽——开着豪车、住着豪宅——实际上却囊中羞涩；有时甚至会向女性伸手借钱。遇到此类男性请务必提高警惕：这种只会耍嘴皮子的男人往往都是渣男无疑。

或许你会想："渣男也是人嘛，总有可取之处。"你甚至可能认为："渣男不会永远渣下去；只要我能想办法改变他、掌控他，我们就能开始一段美好的感情。"对此我要明确地告诉你：这是不可能的！持有这样天真的想法只会让你在一个不值得的男人身上浪费更多的时间和精力，最终很可能落得被骗财骗色的结果！

我们只做筛选，不做培养

我曾经历过一个令人痛心的连麦案例，它始终萦绕在我的心头。一位年入百万的女强人，竟然深陷一个杀猪盘的骗局中，难以自拔。即便那个杀猪盘的原班人马早已离职、换人，她仍旧执迷不悟，坚信自己的真心能够触动对方，让他回心转意。

在那次连麦中，我出于温柔，没有选择用严厉的话语唤醒她。然而，一年之后，她再次因同一个骗子而出现在我的连线中。这一次，我不再犹豫，用直截了当的话语将她从虚幻的梦境中拉回现实。

我深感懊悔，因为当初的温柔，让她在幻想的泥沼中多挣扎了一年。如果一年前我能果断地唤醒她，或许她早已在现实中找到了真正属于她的幸福。

要想避免渣男的欺骗，就必须牢记一个原则：我们只需要筛选，而无须培养。这个世界如此广阔，形形色色的男人应有尽有。你只有勇敢地走出去，才能发现真正适合你的那个男人。

　　然而，这个世界又是如此狭小，各种各样的男人都在其中。如果你不学会狠心、保持清醒，就永远无法看清哪些男人只是在欺骗你。

　　如果你在读到这段文字时已经历过欺骗，或者深感悔恨与自责，那么我要告诉你一个好消息：种下一棵树的最佳时机是十年前，而另一个最好时机就是现在！让我们从这一刻起，挣脱渣男所施加的虚幻情感枷锁，回归现实、改变现实，最终掌控现实！

女性向上社交之道

"男怕入错行，女怕嫁错郎"，这句古老的谚语至今仍然闪烁着智慧的光芒，提醒着女性在人生的重要选择上须慎之又慎。对于女性而言，选择伴侣不仅是选择一种生活方式，更是选择后半生的幸福与满足。

然而，在这个瞬息万变的时代，许多女性感叹好男人难觅。他们似乎如稀世珍宝般在市场上难以流通。但事实并非如此，好男人往往忠诚而坚定，他们不会轻易更换伴侣，因此遇见他们的机会似乎变得渺茫。但机会总是留给有准备的人。当女性学会向上社交，她们便打开了通往优秀异性世界的大门。

"股神"巴菲特的名言"你要成为一个赢家，就必须和赢家一起奋斗"为我们揭示了成功的秘诀。每个人都有自己的局限和不足，但通过与能者交流、向强者学习，我们可以照见自己的不足并找到前进的方向。读好书、交高人，这是人生两大幸事，也是女性向上社交的关键所在。

真正的向上社交并非谄媚或讨好，而是勇敢地走向那些优秀的人，与他们建立真挚的关系。这样的社交不仅能带来积极的影响和无尽的机会，更能促使女性提升自己的社会地位、知识和能力。正如美国作家帕特里克金所言："厉害的人都是擅长向上社交的。"因为他们深知只有与比自己更优秀的人交流才能不断进步和成长。

通过向上社交，女性可以与成功人士建立紧密的联系，从他们那里获得职业上的指导和宝贵的发展机会。这些机会不仅能提升女性的职业发展空间，还能让她们结交其他有影响力的大咖并从中获得支持、指导和资源。这是一个良性循环，让女性在不断成长和进步中绽放出更加耀眼的光芒。

然而，向上社交并非易事。许多女性虽然身边不乏追求者，但她们往往对这些追求者不屑一顾，一边抱怨着单身的苦恼，一边幻想着能嫁给富翁。但梦想与现实之间总存在着差距。如果你认为女性仅仅依靠美貌或空想就能嫁给有钱人，那么这种想法无疑是错误的。向上社交需要女性具备自我发展的意识和能力，通过不断提升自己的内在品质来吸引更优秀的人。

在向上社交的过程中，女性应该注重培养自己的工作态度和能力。工作中的老板往往是向上社交的第一个对象。但这并不意味着女性需要与老板保持不正当的关系才能实现向上社交的目标。相反，当女性的工作能力足够突出时，老板自然而然地会赏识她们并给予更好的工作资源和发展机会。这是向上社交的本质所在——通过自我发展来赢得尊重和机会。

同时，女性也要意识到社交是一个价值交换的过程。在向上社交中，女性不能仅仅注重外在的光环而忽略了自己内在的价值。只有当女性具备足够的价值与别人进行交换时，她们才能吸引更优秀的人向自己靠拢。因此，女性需要不断提升自己的专业素养、技能水平和综合素质，让自己成为一个有价值的人。

在与异性建立向上社交关系时，女性还需要注意自己的态度。态度决定一切。当与优秀的男性相处时，女性应该适当地放低姿态，让对方感受到自然和舒适。如果女性总是摆出一副高冷或难以接近的样子，那么她们就很难与优秀的男性建立真挚的关系。只有懂得向对方提供情绪价值并展现出真诚和善意的女性，才能抓住向上社交的机会，并赢得对方的尊重和喜爱。

此外，女性还可以利用社交媒体平台来打造自己的人设和展示自己的价值。朋友圈是一个公共平台，女性可以通过精心策划的内容来展示自己的专业知识、技能水平和兴趣爱好等方面的优势。通过不断展现自我优势和成长进步的过程，女性可以吸引更多人的关注和认可，并为自己创造更多向上社交的机会。

　　最后要强调的是主动性的重要性。很多事情看起来遥不可及，但只要女性主动去争取并付出努力，它们就会离自己越来越近。向上社交也是如此。女性不应该被动地等待机会的到来，而应该主动出击去寻找和创造机会。只有那些敢于主动争取并付出努力的女性，才能赢得更多优秀男性的青睐和尊重，并实现自己向上社交的目标。

寻找知己，拓展圈子

社交是我们人生航程中的指南针。一旦你深谙识别品质良友的奥秘，接下来，便是铺展你的社交羽翼，翱翔于广阔的人际天空。

然而，有一种误解如同迷雾，笼罩在许多人的心头——那便是以为"朋友越多越好、人脉越广越佳"。实则不然，单纯追求数量，如同沙滩上建塔，缺乏稳固的基础。关系的距离与深度，才是社交之海中不可或缺的锚。

斯蒂芬·霍金斯，这位美国社会学巨匠，提出的"六度空间"理论，为我们揭示了人际关系的神秘面纱。他的洞察表明，人类社会宛如一张由六度关系编织的细密网络。每个人，都是这张网上的一个节点，通过六条线，与无尽的世界紧密相连。这不仅仅是一个理论，更是一种洞见，提醒我们社交的真谛：不在于无边无际的广度，而在于精心雕琢的深度与质感。

真正的社交，犹如从浩渺星海中，挑选出与自己共鸣的星群，然后，用心去感受、去维护、去深化这些关系。它更像是一泓活水，源源不断，清新而富有生机。"问渠那得清如许？为有源头活水来。"这句古诗，恰到好处地描绘了社交圈子的理想状态——流动而不凝滞、充满生机而非一成不变。

想象一下，社交就如同一款精致的三层夹心饼干。最内层，也是最珍贵的一层，我们称之为"知己贵人"。他们如同稀世珍宝，数量稀少，但价值连城。在你遭遇风雨时，他们会毫不犹豫地为你撑起一片天空。他们的言辞或许直白，甚至刺耳，但总能在时间的洗礼后，被证明为金玉良言。

中间层，则是我们的"好朋友"。他们如同生活中的调味品，让日子变得丰富多彩。你们共享兴趣，话题不断，一起分享生活的点点滴滴。他们的存在，让你的社交圈子更加多姿多彩，也为你打开了更多未知的世界。

最外层，我们称之为"朋友"。他们或许不像知己那样深入你的内心，也不像好朋友那样频繁出现在你的生活中，但他们同样重要。他们是你社交圈子的扩展部分，让你有机会接触到更多不同的人和事。

你或许会担忧，自己是否能够建立起这样一个庞大而精致的社交圈子。请放心，在这个移动互联网时代，认识新朋友比以往更容易。关键在于，我们如何用心去经营和维护这些关系，让它们真正成为我们生活中的宝贵财富。

所以，让我们踏上这场社交之旅吧！去寻找那些与你心灵相通的知己贵人，去结交那些让生活更加多彩的好朋友，去拓展那些让你眼界更开阔的朋友圈层。让社交的艺术，为你的生活增添无限可能！

洞悉男性心理，把握幸福婚姻的密钥

　　在情感的战场上，知己知彼方能百战不殆。让我们先一同探寻男性的内心世界。许多女性常因难以捉摸男性的心思，而频频触碰情感的雷区，使得原本温馨的关系变得紧张，甚至走向破裂的边缘。

　　不少女性向我倾诉，她们的另一半在外心猿意马，甚至萌生分手或离婚的念头，这让她们的心灵深受创伤。然而，要知道，男性每一种行为的背后都隐藏着深层的动机。经过深入的洞察，我将男性心思游荡的原因归结为四大要点。

　　指责，如同冰冷的箭矢，它无法消除痛苦，只会让痛苦在心头徘徊。当男性不断地遭受伴侣的指责时，他们心中的爱意也会随着时间的流逝而悄然减少。

　　我曾听一位男性学员讲述他与前女友因琐事而闹翻的故事。事情的起因微小得令人难以置信——仅仅是因为"蛋炒饭是先放蛋还是先放饭"。然而，这场争吵却如同滚雪球般越演越烈，最终演变为一场激烈的口水战。在争吵的过程中，双方不断地相互指责、攻击，使得原本微小的矛盾迅速升级。

分享欲望是爱的赤裸表达，而倾听则是滋养这份欲望的甘泉。当女性失去倾听伴侣的耐心时，男性的反应也会逐渐变得冷淡。想象一下这样的场景：当伴侣渴望与你分享工作上的压力时，你却总是心不在焉地敷衍了事。这样的态度会让男性话到嘴边又咽了回去，最终只能独自承受内心的苦楚。

理解是心灵的润滑剂，它能够使人们变得温柔而宽容。当女性不再愿意倾听丈夫的诉说时，丈夫很可能会转而寻找其他能够理解他的人。理解不仅是一种高贵的语言，更是一种心灵的共鸣。夫妻之间应该坦诚相待、相互理解。如果一遇到问题就拒绝沟通、拒绝理解，长期陷入冷战的泥潭中，那么负面情绪就会像滚雪球一样越滚越多，最终引发关系的破裂。

当善意被强迫和控制所裹挟时，它就会变得面目全非、充满恶意。有些女性常常对丈夫说："我为你和家庭付出了这么多，你怎么能这样对我？"这样的话语或许在女性看来并无不妥，甚至认为这就是事实。然而，在男性听来，这却是一种道德绑架。他们会感到委屈和难过，因为他们也在为这段关系付出努力，却得不到伴侣的认可和尊重。这样的指责和攻击不仅无法促使男性改变，反而会让他们离你越来越远，使你们的关系陷入一种恶性循环中。

　　因此，当丈夫出现心思游荡的情况时，女性应该学会积极表达自己的想法和感受，以激发对方主动改变的愿望，而不是采取冷漠和疏离的态度。

从区分指责与感受到有效倾听

想要牢牢把握男人的心，首先你得学会在情感的旋涡中区分指责与感受。这里，我为你揭示三个常见的误区，或许你曾在此跌倒，但现在是时候站起来，以更明智的方式前行了。

"你怎么总是不理我？"这样的话语，往往被我们误认为是表达感受，甚至被视为事实陈述。然而，它实际上是一种尖锐的指责。当你频繁以这样的语气质问对方时，男人会觉得你并未真正走入他的内心世界。或许他只是因为工作繁忙而稍有疏忽，而你的误解却像一道鸿沟，横亘在你们之间。

"我为你付出这么多，难道你都感觉不到吗？"这同样是一种责备的口吻，它暗含着对对方的否定和不满。而真正的感受应该是对自我付出的肯定和对对方感受的尊重。

"为什么你总是沉默？不能好好跟我讲呢？"这样的话语也带着指责的味道。它忽略了对方沉默背后可能隐藏的种种情感和压力，而仅仅关注于表面的现象。

当我们学会将指责转化为感受的表达时，情感的沟通将变得顺畅和有效。例如，"你怎么总是不理我？"可以转化为："你对我来说意义非凡，我渴望能得到你更多的理解和关注。"这样的表达更加柔和、真诚，能够触动男人的内心。

同样，"我为你付出了这么多，难道你都感觉不到吗？"可以改写为："亲爱的，我并不希望你感到有压力。我所做的一切都是出于对你的深深爱意，我希望你能感受到这份心意。"

而"为什么你总是沉默？不能好好跟我讲呢？"则可以变为："亲爱的，我知道你承受着许多压力。如果你愿意，我会一直在这里倾听你的心声，与你共同面对困难。"

在情感的交流中，倾听是一门至关重要的艺术。但很多人在倾听时却陷入了误区。他们急于给出定义或建议，却忽略了对方真实的感受和努力。这样的倾听方式不仅无法给予对方真正的支持，反而可能引发更多的争吵和误解。

另一个常见的误区是在倾听时否定对方的感受。当对方分享自己的痛苦经历时，我们有时会用自己更糟糕的经历来试图让对方感到宽慰。然而，这样的做法实际上是在否定对方的感受，让他们觉得自己的痛苦被轻视或无视了。

那么，如何做到真正有效的倾听呢？关键在于用"我明白""我理解""我能感受到"这样的句式来回应对方。当男人向你倾诉他的付出和辛苦时，你可以这样回应他："亲爱的，我明白你在外面的打拼有多么不容易。你为这个家付出了很多，我能真切地感受到你的努力和辛苦。或许我有时表达得不够充分，但请相信，我内心对你的感激是深沉而真挚的。"

在对方倾诉时，用理解和同情去回应他，而不是用指责或攻击。记住，理解是一种高明的做法，它能够让你们的关系更加紧密和谐。

撒娇，情感的独特表达方式

撒娇，这仿佛是女人天性中的一抹绚丽色彩，它既是情感的独特表达方式，也是拉近人与人之间距离的神奇纽带。在与恋人或家人的相处中，撒娇往往能够化解矛盾、增进亲密，为平淡的生活增添一抹别样的情趣。

然而，并非每个女性都擅长撒娇，甚至有些女性对此感到不屑，认为这是一种示弱的表现。但实际上，撒娇并非简单地示弱，它更像是一门艺术，需要女性用心去揣摩和实践。通过巧妙地撒娇，女性不仅能够快速达到心理预期的某些目的，还能更好地处理情绪、掌控人际关系，让生活更加和谐美好。

在爱情的舞台上，撒娇更是女性的一大法宝。对于那些正处于暧昧阶段的情侣来说，撒娇无疑是推进情感关系的重要武器。女性可以用撒娇的语气给心仪的男性发语音消息，让他在与你接触的过程中感受到你的柔情蜜意，从而对你产生更强烈的兴趣和渴望。这种娇柔的攻势往往能够让男性心甘情愿地为你付出更多，让你们的感情更加深厚。

撒娇的力量在于它能够化解男女在情感中遇到的矛盾，让双方的关系更加亲密。当男性生气时，女性的撒娇就如同春风拂面，瞬间化解他们心中的怒火。一句娇滴滴的"老公，你怎么生气的时候都这么帅呢？"往往能够让男性心中的阴霾烟消云散，取而代之的是满满的爱意和甜蜜。这种夸奖不仅肯定了男性的价值，还激发了他们的表达欲望和表现欲望，让他们加倍地想要对你好。

此外，撒娇还能满足男性的英雄情结。每个男人心中都有一个英雄梦，他们渴望被自己的女人崇拜和仰望。而撒娇恰恰是一种对男性价值的肯定和赞美，它让男性感受到自己在女性心中的重要地位。当你用撒娇的方式向男性表达崇拜和依赖时，他们会感到无比满足和自豪，从而更加珍惜你、疼爱你。

当然，撒娇并非毫无节制地示弱和依赖，它需要女性掌握一定的技巧和分寸。首先，撒娇要适度而不过度，要根据场合和对方的反应来灵活调整自己的撒娇程度；其次，撒娇要真诚而不做作，只有发自内心的撒娇才能拨动对方的心弦；最后，撒娇要巧妙而不笨拙，要学会运用各种撒娇技巧和表达方式来达到自己的目的。

夸奖，爱情生活中的调味剂

　　除了撒娇之外，夸奖也是女性在情感关系中的一大法宝。好女人是疼出来的，而好男人则是夸出来的。夸奖能够让男性感受到自己的价值和重要性，从而激发他们更多的积极性和创造力。当你用撒娇的方式夸到男人的心坎时，他们会感到无比受用和满足，从而更加愿意为你付出一切。

　　然而，夸奖并非简单地奉承和恭维，它需要女性用心去发现和挖掘男性的优点和亮点。夸奖要具体而不空洞，要针对男性的实际行动和表现给予肯定和赞赏。比如当男性为你做了一件小事时，你可以夸张地表达你的感激和喜悦："老公，你真是太棒了！我真的很感谢你为我做的这一切！"这样的夸奖不仅让男性感到自己的努力得到了认可，还激发了他们更多的积极性和动力。

　　同时，夸奖还需要注意一些原则和技巧。首先，夸奖要真诚而不虚伪，只有发自内心的夸奖才能让男性感受到你的认可和尊重；其次，夸奖要适度而不过分，过度的夸奖，可能会让男性产生骄傲自满的情绪；最后，夸奖要注重细节和具体表现，让男性感受到自己的每一次努力都被你看在眼里、记在心里。

在爱情生活中，撒娇和夸奖往往是相辅相成的。当你学会用撒娇来化解矛盾、增进亲密时，你也需要学会用夸奖来肯定和激励对方。一个会夸奖的女性往往能够在爱情生活中游刃有余、收获满满的幸福。因为她们懂得如何用柔情蜜意去拨动对方的心弦、如何用赞美和肯定去激发对方的积极性和创造力。

当然，夸奖并非万能的法宝，它们需要建立在相互尊重和理解的基础上。只有当双方都能够真诚地面对彼此、用心地去经营感情时，夸奖才能发挥出最大的效力。所以，在爱情生活中，我们不妨多学一些夸奖的技巧，用心去感受对方的情感需求、用心去发现和挖掘对方的优点和亮点。这样，我们的爱情生活才能更加丰富多彩、更加幸福美满。

此外，对于那些害怕夸奖会让男性飘飘然的女性来说，其实大可不必过于担心。因为夸奖并非简单地恭维和奉承，它是一种正向的强化和激励。当你用夸奖的方式去肯定和赞赏男性的优点和亮点时，你其实是在强化他们正确的行为和态度。这种正向的强化往往能够让男性更加自信、更加坚定地走向成功的道路。所以，不要吝啬你的夸奖，让它们成为你爱情生活中的调味剂吧！

赞美，爱情保鲜与幸福的秘诀

　　心若存善，步履自带芬芳。善良的男人，运气总不会太差。当他目光所及，街头老人孤苦无依，那份自然流露的同情，恍如冬日暖阳。此时，你的一句赞美："我的爱人，你的善良与同情心真是令人动容。"这不仅是对他品质的肯定，更是激发他内心深处同理心的钥匙。

　　有时，或许你觉得他对你的态度稍显冷淡，甚至不及对外人的一半。这并非他本意，而是在付出的道路上，他渴望得到你的肯定与鼓励。记住，打击与指责只会让他离你越来越远。此时，不妨静下心来，细细思索他的闪光点，然后，以赞美为药，治愈彼此心灵的隔阂。无论是他的善良本性，还是他精心准备的一顿美食，都值得你由衷地赞美与欣赏。

　　真爱无言，行动胜于雄辩。一个深爱你的男人，不会仅仅满足于口头的甜言蜜语，而是会用实际行动来表达他对你的深沉爱意。若你的伴侣是这样的行动派，那么，请一定要珍惜他的每一次付出，并给予热情的回应与夸奖。当他挥洒汗水，将家务做得井井有条时，你的一句"亲爱的，你真是太棒了！这个家因你而更加温馨"，将是对他最好的肯定与鼓励。

我曾听闻一个动人的故事。故事中的男主角出身富贵之家，从小娇生惯养，双手不沾阳春水。然而，当爱情降临时，他愿意为心爱之人洗手做羹汤。虽然初次尝试的蛋炒饭并不完美，但女友却以幽默与赞美化解了他的尴尬与不安："亲爱的，你知道吗？我听说最高级的蛋炒饭就是蛋饭分离，你做的这个简直就是艺术品中的极品！"这番话让男生信心大增，从此在烹饪的道路上越挫越勇，只为博得心爱之人一笑。这就是赞美的力量，它能激发人内心的潜能与热情，让爱情在行动中绽放更加绚烂的光芒。

然而，赞美的力量远不止于此。往更深层次剖析，每个人内心深处都渴望被认可与尊重。对于那些从小生活在优越环境中的富二代来说，他们或许早已习惯了别人的奉承与追捧，但真正能触动他们内心的，却是那些发自肺腑、真诚自然的赞美与肯定。当他们的女友或妻子以欣赏的眼光看待他们的每一次尝试与努力时，他们会感受到前所未有的价值与存在感。这种赞美与肯定不仅能让他们更加珍惜眼前的感情与伴侣，更能激发他们内心深处的责任感与担当精神。

真正的爱情是建立在信任与忠诚的基础之上的。一个深爱你的男人会为了你拒绝所有暧昧与诱惑，建立起自己的边界感与原则底线。如果你的伴侣能够做到这一点，那么请一定要好好珍惜他并给予高度的赞美与肯定："亲爱的，你的专一与忠诚真是让我感动不已！能与你携手共度此生是我最大的幸福与荣幸！"这样的赞美不仅能让他感受到你的爱与依赖，更能坚定他对你的感情与承诺。

最后，我想说的是：运用赞美的技巧，不仅能让你成为一个幸福又高级的女人，更能让你的感情生活充满甜蜜与浪漫。当你学会从小事做起，赞美你的伴侣并让他感受到你对他的爱与依赖时，你们之间的感情将会更加深厚与稳固。所以请不要吝惜你的赞美与夸奖，让你的爱情之花在赞美的阳光下，绽放得更加绚烂夺目吧！

生气式撒娇，让感情更甜蜜

许多男人擅长言辞，却往往行动迟缓，难以兑现承诺。就如他向你信誓旦旦地保证，一局游戏之后立刻陪伴你左右，然而游戏结束，他又悄无声息地沉溺于新的战局。面对这样的情境，女子往往会感到被忽视、尊重缺失。此时，你或许可以尝试一种巧妙而有效的方法——生气式地撒娇，既能婉转地表达你的不满，又能让男子意识到他的过错。

生气式撒娇的精妙之处在于其目的明确、要求具体。例如，你命令他立刻放下手中的游戏，这是一个清晰无误的指令。听到你的撒娇之语，他可能会试图软磨硬泡，再求一局。这时，你可以娇嗔地说："哼，你这样真的让我生气了。"这样的话语既表达了你的不满，又保留了余地，避免了直接冲突的爆发。

然而，我们必须牢记在心的是，生气式撒娇的终极目的并非为了加剧矛盾，而是为了引导男人来哄你开心、修复关系。

当他费尽心思将你哄得笑逐颜开时，你便可以趁机强化他的正向行为："我就知道，我的老公是最守信用的。"这样的话语既让他因为你的欢愉而感到愉悦，又激励他日后更加积极地行动。

设想一下，如果有美女向你老公求助，请求帮忙开启易拉罐，你的老公或许并未多想，便顺手相助。在这种情况下，你该如何运用生气式撒娇呢?

首先，你要强忍住心头的怒火，保持优雅和冷静，从老公手中轻轻夺过易拉罐，然后向那美女微笑道："妹妹，我老公这两天手不太方便，还是我来帮你开吧。"回家后，你便可以向他表达你的不满："你今天居然帮别人开易拉罐，你不知道你只能帮我开吗?"这样的话语或许会让他有些错愕，但更多的是感受到你的可爱和醋意。

此时，你要抓住时机，给出一个明确的行动指令："反正我不管，我就是生气了，你要抱抱我。"因为男子在面对女子的情绪时，往往会感到手足无措。如果你只是单纯地生气而不给出明确的指引，他便会觉得你的生气莫名其妙。所以你需要通过明确的行动指令来引导他了解你的真实想法和需求。

当他紧紧拥抱你时，你便可以轻声细语地告诉他："老公，我真正生气的不是你帮人家开易拉罐这件事情本身，而是你不懂得拒绝其他女性对你的好感。"听到这里他便会恍然大悟并承诺以后会更加注意。此时你再给予他正向强化："老公，我就知道你是一个特别有担当、有边界感的男人，而且你一直在努力完善自己，我爱你!"这样一番话既表达了你对他的信任和期望，又让你们的感情更加和睦。

另外需要注意的是，如果你尝试使用生气式撒娇而他却无动于衷，这说明你们的关系可能已经出现了问题。因为生气式撒娇的基础是双方之间的深厚感情和对彼此的理解和包容。如果你们的感情已经岌岌可危，那么这个方法可能就无法产生预期的效果了。所以在使用这个方法之前一定要确保你们的感情处于稳定的状态。

撒娇式画饼，烘焙出更多爱情美味

画饼，这并非男人的专利，但女人若学会以撒娇的口吻为男人精心"烘焙"一张诱人的未来之饼，定能深深俘获他的心。这撒娇式画饼的奥妙，且听我细细道来。

诚然，男人在竞争中常展现出画饼的天赋。无论是职场上的晋升，还是领导团队的壮志，他们总能用话语勾勒出诱人的未来图景。而这样的能力，在情场同样奏效。然而，对于女性而言，画饼却似乎是个难题。或许是因为女性更加注重承诺，不愿轻易启齿；又或许是因为在成长的道路上，女性较少有机会去锤炼这项技能。但无论如何，要想掌握这门艺术，首先得放下"说到必须做到"的包袱。

画饼与欺骗，两者天差地别。前者是为爱人描绘一个美好的愿景，激发彼此的信任与努力，共同将梦想变为现实；而后者则是为了一己之私，用虚假的承诺骗取对方的财物或感情。明白了这一点，我们就可以开始学习如何画饼了。

首先，从一个小而可验证的事实出发。比如对爱人说："亲爱的，这个月我赚了八千，你赚了一万，我们两个人加起来就是一万八呢。明年我们一起努力，争取赚到二十四万！"这样的话既基于现实，又给人以希望，让人感受到未来是触手可及的。

接着，将这个小事实升华到双方共同的利益上。比如："我们一起把这个家打理得更好，将来有了孩子，这些钱还可以作为孩子的教育基金。"这样的话语不仅把对方拉入了家庭的温暖怀抱，还让他感受到你是在为整个家庭的未来而规划。

然后，提出一个切实可行的行动计划。比如："亲爱的，我打算从下个月开始学习新技能，提升自己在工作中的竞争力。这样我们未来的生活就会更加有保障啦。"这样的计划既具体又可行，让人感受到你是真心实意地为未来而努力。

最后一步，将计划细化到每一个小目标上。比如："我打算报名参加一个管理课程，提升自己的管理能力。这样我就能在工作中更好地发挥自己的潜力啦。"同时，别忘了在撒娇中提出你的小小要求："亲爱的，你能不能支持我一下呀？我们一起投资在我的教育上，为了我们的未来更美好！"

如果在画饼的过程中遇到男人的犹豫或拒绝，不要急于求成。试着去了解他的顾虑和担忧，然后针对性地提出解决方案。比如他担心你管理能力不足，那你就可以承诺去学习、去提升；

如果他觉得经济压力大，那你就可以提出共同分担的方案。总之，要保持真诚和耐心，用撒娇和智慧去化解难题。

如此这般，你便掌握了撒娇式画饼的艺术。在未来的日子里，用你的柔情和智慧去为你们的爱情烘焙出更多美味的"饼"吧！

第六章

生活金句

甘露味帮女人开悟

1. 人与人之间的关系本质就是价值交换，没有价值就不会有关系

人与人之间的关系本质是价值交换，无价值则无关系。在寻求他人帮助时，要考虑彼此能提供和期望的价值。避免使用"应该"，若价值未匹配，须通过沟通调整关系。对于强求付出的人，微笑拒绝其无理要求。

2. 男人的忠诚和人品无关，只是权衡利弊的选择

男人的忠诚并非完全基于人品，而是权衡利弊后的选择。当他认定你是最优秀的女人，能给予他无法从别处获得的情感满足和成就感时，他会坚定地选择你。若遭遇背叛，不必自责，而应从对手身上汲取优点，提升自我。

男人的状态和价值很大程度上取决于女人的维护和激励。女人可以通过给予男人关心、鼓励和支持，来激发他们的积极

性和自信心，从而使他们更加努力地工作和追求目标，为家庭创造更好的生活。这就像给一台机器上机油一样，正确的保养可以让它运转更加顺畅、效率更高。

3. 离开一段感情，只需要冲动，但是修复一段感情，却需要勇气

离开感情易，修复却需勇气。冲动可轻易割舍，但修复须如拆书般，逐页面对与解决问题。困难在于双方须共同努力直面并解决问题。然后，相信最终结果是值得的。

4. 背叛无法原谅吗

对于那些声称背叛无法原谅的女性，实际上可能是她们的人生阅历和经验相对较少。坚守对背叛的怨恨不仅对自己无益，还可能对孩子造成伤害。在没有足够的经济支持的情况下，轻率地离开并把这个男人推向其他女人，最终可能导致自己失去住所、伴侣和孩子，这是不明智的。因此，在面对这种情况时，应该保持冷静，不要只是口头强硬。虽然放纵情绪是人类的本能，但能够控制情绪才是真正的本事。

5.财富是对认知的奖赏，不是对低水平家务劳动的补偿

在感情中，单纯的付出和低水平的家务劳动，如洗袜子等，并不会得到真正的认可和尊重。如果认知水平没有提升，这样的付出只会被视为保姆式的工作，而无法展现真正的价值。财富是对认知的奖赏，而非对低水平劳动的补偿。因此，只有通过提升认知水平，才能实现高回报的幸福。

6.女人，拿不住的东西不要拿，那是都得退回去的

女性应谨慎选择追求的事物，不可急功近利。我曾尝试在抖音上创业，虽初期有所成功，但因无法兑现承诺而最终失败，失去了所得并浪费了时间。以此经历告诫特别是来自农村、在一线城市打拼的女性，不要为了优渥生活而牺牲尊严和身体，因为这样的交换可能最终一无所获，还耽误了学习和成长的时间。只有放下手中的沙子，才能抓住真正属于自己的机会。

7.男女之间不存在绝对的公平，只有互补

女人提供情绪价值，男人提供经济价值，有助于家庭和谐。

8. 没有哪个女人能靠依附于一个男人获得成长

男人常常口是心非，不要轻易相信他们的甜言蜜语。重要的是要专注于自己的工作和成长，不要依赖他人。自我提升才是真正的关键。

9. 女人不要把"我陪他白手起家"挂在嘴边

两个人在一起，如果只有一个人在进步，而另一个人停滞不前，那么这种关系注定会出现问题。就像"人生如逆水行舟，不进则退"一样，双方都需要努力才能共同前进。有些女人觉得自己陪伴男人白手起家后却被抛弃，但她们忽略了男人也在努力奋斗，成功并非只靠女人的陪伴和温暖。因此，双方需要相互理解和认可，才能共同走向成功。强调自己陪伴男人白手起家只会引起对方的反感；相反，应该肯定和鼓励男人的优秀和努力，这样才能让对方更加珍惜这段关系。

10. 会表达爱的才是真正的好女人

善良、优秀且经济独立的女性在婚姻中不幸福的原因可能是她们虽然付出了爱，但却没有有效地表达爱。她们为了家庭牺牲事业和梦想，全心全意付出，但这种付出往往是自我感动，因为对方可能并未真正感受到。学会如何正确表达爱、让爱流动起来，是建立幸福婚姻的关键。

11. 爬起来，我陪你

我经历过人生的低谷，但我始终选择相信美好。我希望你们能够不断成长、进步，即使犯错也不必害怕，我会陪伴你们重新站起来。我愿意成为你们生命中的清风，为你们拂去忧愁；也愿意成为你们的灯塔，为你们指明前方的道路。

12. 女人一生中最重要的两件事，止损和止盈

人生有两件重要的事：止损和止盈。止损是避免再次受骗，止盈则是在赚取收益后适时收手。在关系中，真实的高低位由绝对实力决定，而非表面现象。若男方在高位仍能哄你，说明有感情存在，但他不哄你也是本分。当他犯错并付出代价后，应你去哄他。人生须清晰明了、避免贪婪。

13. 让你的男人在鼓励中变得强大

男人在想要提升能力时，需要的是一个爱他、认可他、崇拜他的女人，这样的环境会让他变得更优秀、更强大。相反，

面对攻击和贬低他的女人，他会逃避。人的成长需要夸奖和鼓励，而非贬低和否定。

14. 从稀巴烂的人生泥潭里爬出来

离异家庭的孩子和糟糕婚姻中的女人都经历了痛苦。错误的婚姻对孩子和自己的折磨更甚。如果是火坑，应该勇敢爬出来。即使人生一度如泥潭，也不应惧怕，因为可以通过努力和呵护，在淤泥中种出荷花，结出漂亮的莲子，实现自我价值和蜕变。虽然过程中会有挫折和痛苦，但只要坚持，最终都值得，可以一起变得更强，像蝴蝶一样展翅高飞。

15. 女人不懂得善待自己，别人又怎么会对你好

有些同学认为我很严厉，但我是想让你们从迷雾中走出来，清醒地掌握自己的人生方向。感情不是生活的全部，还有工作、家人、孩子等同等重要的东西。不要过度付出，否则会失去自我，圈子变小，养成只会看眼色的习惯，最终只会抱怨，变得无能。婚姻不是爱情的坟墓，真正的幸福是觉醒，用智慧去守护自己想要的生活和人生。太重感情的人往往为别人而活，但女人要懂得善待自己，才能得到别人的善待。

16. 女人永远要以自我成长为中心

当你快速成长时，会强烈吸引他人，尤其是男性，他们往往会盲目追逐上涨的事物，即使价值不合理也在所不惜。

17. 小聪明和大智慧的区别是什么

小聪明容易被人察觉并防备，可能导致孤立；而大智慧则是隐藏自己的聪明，不轻易展现，但有自己的目标感和大格局，懂得如何经营幸福。有大智慧的女人懂男人，看起来笑容满面，越活越年轻，因为她们知道如何与男人相处，不轻易影响他人，把心思放在有用的地方。这样的女人在男人眼中更懂事、识大体，充满魅力，让越厉害的男人越容易深爱她们。因此，有智慧的女人能看得见幸福在哪里，也知道怎么去经营，拥有气度和格局才会让自己更加闪耀。

18. 做一个会两条腿走路的女人

做一个两条腿走路的女人意味着既有能力自己挣钱，又有魅力让老公心甘情愿地给予。这样的女人不仅在经济上独立，还能在家庭中获得幸福感和满足感。自己买车是对自己能力的认可，而老公买车则是一种幸福感。女人的能力是基本盘，能力越强，魅力也应该越大。如果能力没有被呵护和珍惜，而是被消耗和索取，那么就需要审视自己的认知，确保自己的能力和魅力得到充分的发挥和认可。

19. 千万不要把自己当成一个不值钱的女人

我希望二婚女性能够实现自己的价值，不要自卑或被动，因为这样会让自己失去价值。通过不断提升自己，增强自信，才能在未来的选择中更有底气，无论几婚都不会影响自己的吸引力。重要的是要自我增值，变得有智慧，才能更好地面对未来。

20. 重点是要把心思放在自己身上

不要把重心全放在男人身上，而是要在自己感兴趣的方面提升自己，保持新鲜感和价值。